교양이란 무엇인가

동경대 교양학부의 독서론 강의

국립중앙도서관 출판시도서목록(CIP)

교양이란 무엇인가 : 동경대 교양학부의 독서론 강의 / 동경대 교
양학부 엮음 ; 노기영 외 옮김. ─ 서울 : 한국방송통신대학교출판
부, 2008
  p. ; cm. ─ (아로리총서 ; 7 – 삶과 철학1)

원표제: 教養のためのブックガイド
일본어 원작을 한국어로 번역
ISBN 978-89-20-92827-7 04080 : ₩5,900
ISBN 978-89-20-92820-8(세트)

독서[讀書]

029-KDC4
028-DDC21   CIP2008003468

교양이란 무엇인가
동경대 교양학부의 독서론 강의

2008년 12월 1일 초판 1쇄 펴냄
2017년 9월 3일 초판 4쇄 펴냄

엮은이 / 동경대 교양학부
옮긴이 / 노기영 외
펴낸이 / 김외숙

편집 / 장웅수
표지 및 본문 디자인 / 보빙사
인쇄 / 신흥피앤피(주)

펴낸곳 / (사)한국방송통신대학교출판문화원
    등록 1982년 6월 7일 제1-491호
    주소 서울특별시 종로구 이화장길 54 (우03088)
    전화 1644-1232
    팩스 (02) 741-4570
    홈페이지 http://press.knou.ac.kr

아로리총서 : 삶과 철학-1

교양이란 무엇인가

동경대 교양학부의 독서론 강의

동경대 교양학부 엮음

노기영 외 옮김

지식의날개

교양으로의 초대 *

　이 책은 '교양'이라는 말을 키워드로 '책(독서)'에 관해 안내하는 책입니다.

　물론 지금 '교양'이란 말이 무엇을 의미하는지 분명하다고는 할 수 없습니다. 사람마다 이 말에 대해 생각하는 방식도 다릅니다. 하지만 스스로의 마음을 가꾸기로 결심한 또 세계를 더 잘 알겠다고 결심한 젊은이들에게 어떤 책을 추천할 것인지라고 하는 고민을 통해, '지금 교양이란 무엇인가?'라는 물음의 답을 찾아보고 싶습니다.

　출발점은 단 하나, 책이야말로 교양 형성에 있어 불가결한 동시에 최적의 도구라는 사실입니다.

　물론 이 책에서 거론하는 책의 리스트가 바로 오늘날 교양의 표준이라고 주장할 생각은 추호도 없습니다. 우리는 매일 대학이라는 교육과 연구의 장에서 젊은이들과 마주하고 있습니다. 그런 우리가 잠시 각자의 전문영역에서 벗어나, 함께 '인간에 대한 물음'을 위해 읽고 싶은 책을 간추려 보았습니다. 그중 단 한 권이라도 당신을 독서의 세계로 이끌 수 있다면 더할 나위 없는 행복이겠습

---

* 고바야시 야스오(小林 康夫), 도쿄대학 총합문화연구과 교수. 표상문화론 전공

니다. 그 한 권을 출발점으로 삼아 여러분이 나름대로의 리스트를 만들어줄 것을 기원하는 셈입니다.

　(이 책은 도쿄대학 교양학부의 부설기관인 '교양교육개발실'에서 교재개발 사업의 일환으로 기획한 것이라는 사실을 아울러 밝혀둡니다.)

차례

chapter 1

지금, 교양이란 무엇인가

지금, 교양이란 무엇인가

1. 존재의 깊이, 문화의 두터움 *

지금부터 읽을 이 책은 오직 하나의 희망으로 만들어졌습니다. 그것은 대학생을 중심으로 한 젊은이들이 될 수 있는 대로 여러 종류의 '좋은 책'(예를 들어, 수업의 교과서나 참고서적으로 지정된 책이 아닌 좋은 책)을 많이 읽어주었으면 하는 희망입니다. 필요에 쫓겨서나 특정 목적을 위해 읽는 것도, 단지 오락을 위해 읽는 것도 아닙니다. 오직 자신이 모르는 세계를 알기 위해 또는 인간에 대해 보다 깊이 이해하기 위해 책을 읽는 것입니다. 굳이 옛말을 빌리자면 자신의 정신과 인격을 '기르기' 위한 일입니다. 이책은 그러한 습관을 젊은이들이 익히는 데 하나의 실마리를 제공하고 격려하려는 바람에서 만들어진 것입니다.

이러한 바람이 여기 이렇게 한 권의 책, 즉 '책을 위한 책'으로 구성되기까지는 그 나름의 배경이 있습니다. 단적으로 도쿄대학에서 가르치고 있는 우리들이 교육 현장에서 매일매일 '학생들이 점점 책을 읽지 않는다', 그리고 '당연히 알고 있어야 할 것을 모

---

* 고바야시 야스오(小林 康夫), 도쿄대학 총합문화연구과 교수, 표상문화론 전공

르고 있다'라는 사태에 직면해 있기 때문입니다. 강의 후 강사 대기실로 돌아온 선생이 풀이 죽어서 '학생이 렘브란트를 몰랐다'라든가, 『자본론』이 무엇인지 모른다'라고 개탄하게 된 일이 한 10년 전부터였을까요? 다소 극단적으로 말하자면 어떤 특정 영역에 대해서는 편집광적이라고도 할 만큼의 놀라운 지식을 가지고 있지만, 타자와의 커뮤니케이션 기반이 되고 전방위의 '교양'이라고 불릴 만한 것은 덩그러니 빠져 있는 학생이 늘어가고 있다는 사실을 절감합니다.

물론 이것이 단순히 학생 각자의 책임일 수만은 없지요. 어딘가에 '교양'을 위한 기준이 존재하고 있는데도 학생들이 태만하여 공부하지 않는다는 뜻은 아닙니다.

일찍이 1950년대부터 60년대에 걸쳐서 일본에서도 여러 전집류가 간행되었습니다. 『세계문학전집』, 『세계의 명저』, 그리고 각종 백과사전 ……. 그런 것들이 큰 매출을 올렸습니다. 많은 가정의 거실에 이런 전집류가 파고 들어왔죠. 아주 개인적인 이야기지만, 나 자신도 전집류를 통해 중·고등학생 시절에 도스토예프스키의 『까라마조프네 형제들』, 다니자키 준이치로(谷崎潤一郎)의 『세설(細雪)』, 니체의 『차라투스트라는 이렇게 말했다』를 읽었습니다. 몇 권을 읽었는지는 개인차가 있겠지만 적어도 1970년대까지는 많든 적든 '교양'을 형성하는 동서고금의 '명저' 기준을 이미지 혹은 관념으로 공유했습니다.

이런 사실에는 물론 역사적 배경이 있습니다. 전쟁의 황폐와 군국주의에 경도된 문화 붕괴를 경험한 사람들이 그때까지와는 전혀 다른 새로운 문화를, 이번에야말로 '인간'이라는 이념을 중심으로 한 문화를 배우고 창출하는 일을 동경하고 노력했습니다. 비록 이러한 노력이 때로는 겉치레의 '문화적인 포즈'로 끝나버리고 말지라도 '인간적인 문화'에 대한 강한 의지를 사람들은 공유하고 있었던 것입니다.

여기에서 결정적으로 중요한 것은 인간이란 배워야 하는 존재라는 사실입니다. 그러나 이 사실을 인식하고 있는 사람은 그다지 많지 않은 것 같습니다. 자신이 인간이라는 사실, 우리가 인간이라는 사실, 그런 것은 누구나 알고 있습니다. 그러나 정말 '인간적인 문화', 즉 인간의 이념이 중심이 되는 문화를 만들어내기에는 매우 불충분합니다. 왜냐하면 '인간적인 문화'라는 것은 무엇보다 인간 속에서 '이상'을 찾아내려고 하는 문화이기 때문입니다. 그 이상은 결코 이러이러한 인간, 혹은 누구누구라는 식의 구체적인 존재로서의 인간이 아닙니다. 인간의 현실 모습을 통해 인간의 '본질'을 발견하고 그 본질을 이상으로 해서 미래 문화로 연결짓는 이런 거대한 패러다임이야말로 어떤 의미에서 '모더니티(근대성)'라는 것입니다. 그리고 이 패러다임을 위해서는 우선 모든 시민이 인간에 대해 배워야만 합니다. 바로 여기에 '교양'은 교육의 근간으로서 불가결하며, 모든 전문적 지(知)의 교육에 앞서 우선되어야 한다고 간주하는 근거가 있습니다.

그러나 인간을 공부한다고 해서 어딘가에 '인간이란 무엇인가?'에 대한 단적이고 명쾌한 정의나 지식이 있어서 그것을 외우면 된다는 의미는 아닙니다. '인간이란 무엇인가?'에 대한 보편적이고 타당한 해답이 미리 준비되어 있는 것도 아닙니다. 좀더 정확히 말하자면 '인간적인 문화'는 인간의 '이상적인 본질'을 최우선으로 실현하려는 것일 뿐입니다. 해답을 알고 있어서가 아니라 그 어려운 물음에 대답하고자 하는 노력 하나하나가 비로소 문화를 만들어내는 것입니다. 그렇기 때문에 그 방법은 지극히 다양합니다. 인간을 배우는 일이란 인간이 역사 속에서 인간에 관해 밝히고 그 '이상적인 본질'을 현실로서 창출해 내려고 했던 다양한 삶의 자세를 배우는 것, 그리고 이를 통해 스스로 그 문화를 만들어내는 과정을 배우는 것입니다.

　인간이란 보편적이고 일반화가 가능한 이념이므로 어떤 의미에서는 추상적입니다. (지금 다수의 대학생들에게는 그의 이름도 생소할지 모르겠지만) 고바야시 히데오(小林秀雄) 풍으로 멋있게 표현하면 보편적인 인간이라는 것은 존재하지 않습니다. 현실에 존재하는 것은 개개의 구체적인 인간일 뿐이라고 할 수 있습니다. 그러나 특정한 역사적 상황, 지리적 제약, 문화적 문맥에 구속되어 있는 개인이 그 특이한 개인성 속에서 행동하고 만들어낸 사고, 작품, 일을 통해서 보편적인 '인간이란 무엇인가?'라는 물음을 일깨워주는 것이 중요한 점입니다.

　각자 특정한 상황 속에서 각자 다른 방법으로, 그러나 보편적인 물음을 던지고 있습니다. 이것이 중요하다면 당연히 '인간'을 배우기 위해서는 복수의 이질적인 것을 배우는 일이 불가피합니다. '인간이란 무엇인가?' 또는 '세계는 어떻게 존재하는가?'라는 물음이 단지 하나의 서적으로 환원되어 버리는 신념체계 속에서는 '교양'이 의미가 없습니다. 자신의 신념체계(물론, 이것도 역시 중요합니다만), 그 외부에 존재하는 인간에 대한 물음을 이해하는 것이 중요하기 때문입니다. 그리고 자신이 살아가는 현실을 넘어서서 인간에 대한 물음을 생산적으로 지속할 수 있는 것이야말로 문제이기 때문입니다.

이렇게 생각해 보면 '교양'을 위한 아이템이 본질적으로 이질적인 내용을 포함하는 복수이어야 함을 알 수 있습니다. 또한 동시에 절대로 이것이 아니면 안 된다는 것도 없습니다. 확실히 세계의 수많은 사람들이 교양에 기초한 신념체계 속에서 살아가고 있다고 한다면, 예를 들어 『성경』이나 『코란』, 그에 더해 몇 권의 『불경』을 읽어두는 것이 좋을지 모릅니다. 하지만 이 책들이 필독서라는 뜻은 아닙니다. 『까라마조프네 형제들』, 『세설』, 『차라투스트라는 이렇게 말했다』도 절대적인 필독서라는 의미가 아닙니다. 도스토예프스키, 다니자키 준이치로, 니체의 이름을 모르면 큰일 나는 것도 아닙니다.

더욱이 '교양 아이템'의 리스트를 작성하는 게 가능하다 하더라도 도대체 몇 권을 읽으라고 요구해야 할까요. 예를 들어 대학생활 4년 동안 일반적으로 몇 권의 책을 읽을 수 있을까요? 겨우 수십 권이나 될까요? 그러한 상황 속에서 우리들이 지금 비교적 용이하게 책이라는 형태로 손에 넣을 수 있는 '인간에 대한 물음'을 일깨워주는 모든 아이템을 '리스트 업' 하는 것은 불가능합니다. 이미 기술했듯이 어떤 책을 리스트에 포함시켜야 하는지에 대한 절대적인 기준도 없습니다. 하지만 (여기부터가 이 책의 주장이지만) 어느 정도의 리스트 업은 가능합니다. 우리들이 적어도 '인간적인 문화'라는 이념에 기초해서 배우려고 하는 한, 누구에게나 동일한 리스트가 아닌 오히려 각자가 자기 나름의 방법으로 자신에게 적합한 리스트를 만들어야 합니다.

그리고 그 리스트는 매일 갱신되어야만 합니다. 즉 진정한 의미의 교양이 있다고 한다면 그것에는 끝이 없습니다. 그것만 배우면 외워서 학점을 받을 수 있는 그런 수준이 아닙니다. 어떤 도움이 되거나 어떤 이익이 있어서가 아니라 단지 순수하게 자신의 '존재의 깊이를 가꾸기 위해서' 계속 배워야만 합니다. 그렇기 때문에 이것은 실은 자기 자신을 소중히 하는 하나의 방법입니다.

우리는 숨을 쉬며 여기에 이렇게 존재하고 있지만, 그 존재는 자기가 의식하는 범위 내의 표층적인 것이 아니라 자신이 아직 깨닫지 못한 여러 특성이나 가능성을 내포한 끝없는 깊이를 가지고 있습니다. 게다가 그 가능성은 단지 자신만의 가능성이 아니라 타자와 함께 나눌 수 있는 이상이나 가능성으로 가득 차 있습니다. 그러나 땅 속 깊이 묻혀 있는 보석과도 같은 내부의 힘은 우리 자신의 것이면서도 종종 자신의 의식으로는 거기에 도달할 수 없습니다. 외부에서 온, 타자에게서 온 자극에 의해 자기 존재의 깊이를 갈아엎지 않으면 좀처럼 나타나지 않는 것입니다. 타자와의 직접적인 커뮤니케이션이 중요한 이유가 바로 여기에 있습니다.

인간이라는 생명은 생명의 내부에 유전자 정보를 가질 뿐만 아니라, 언어 혹은 기타 매개를 통해서 외부에 관한 방대한 정보를 받아들이는 특성을 가지고 있습니다. 이 외부에 관한 정보의 흐름이 바로 역사입니다. 역사를 통해서 우리는 단지 현재 관계를 맺고 있는 타자뿐만 아니라 얼굴도 모르는 무수한 타자와 연결되어 있습니다. 그리고 이것이 바로 두터운 문화 층을 이루는 요소입니다. 교양의 본질은 이 두터운 문화 층, 즉 역사의 흐름 속에서 자기 존재의 깊이를 무수히 갈아엎는 일입니다.

갈아엎는다는 것은 단지 표층의 의식에 의해 순간적으로 소비되어 버리는 단순한 정보가 아니라, 그것을 소화한 진정한 정보를 만나기 위해서 자신의 상상력과 사고가 최대한 발휘되는 듯한 경험을 하는 것입니다. 그리고 자기 존재의 깊이로 내려가기 위한 시간이 주어져야만 합니다. 그 시간, 그 리듬을 스스로 자유롭게 조직할 수 있다는 점과, 한 번에 흡수하기 힘들 정도의 방대한 이미지가 적은 용량 속에 숨겨져 있는 그 콤팩트(compact)함에서 볼 때, 책이야말로 가장 경제적인 미디어며 가장 개인화된 미디어가 아닐 수 없습니다. 언어는 그 자체에서 무수한 이미지가 태어나는 구조입니다. 이미지가 잎이라고 한다면 언어는 나무의 줄기자 가지입니다. 시든 나무처럼 보이다가도 봄이 오면 곧 무수한 잎이 거기에서 태어납니다. 책이란 이런 의미에서 한 그루의 나무입니다. 한 권의 책을 읽는 것은 자신의 마음속 토양에 타자의 마음을 한 그루 나무로 키우는 일입니다. 나무를 키움으로써 그 뿌리가 뻗어나가는 자신의 마음속 대지가 깊이 가꾸어지는 것입니다.

그렇다면 나무라면 어떤 나무든 다 좋다고 할 수 있습니다. 그러나 가능하다면 가장 깊은 곳까지 뿌리를 내리고 가장 높은 곳까지 가지를 뻗을 수 있는 큰 나무를 키워야 하지 않을까요? 물론 약간의 괴로움은 늘 따르게 마련입니다. 그러나 그 괴로운 시간이야말로 바로 인간으로서 자신을 키우기 위한 훈련의 시간이 될 것입니다.

교양이 없어서 미안합니다

노야 시게키(野矢茂樹)

저는 '교양학사(敎養學士)'라는 학위를 2개 가지고 있습니다. 이과계(理科系)를 한 번 졸업하고 그 후 과학사·과학철학으로 학사 입학을 했는데 둘 다 교양학부였기 때문에 그렇게 되었습니다. 이리하여 '교양×2'가 되었지만 실은 대단히 교양이 없습니다. 실제로 '교양'의 의미조차 잘 모르는 데다가 ……, 여하튼 사리를 잘 모릅니다. 박식, 즉 교양까지라고는 하지 않더라도 정도라는 게 있습니다. 세련되지도 못했고요. 할 수만 있다면 숨기고 싶은 사실입니다. 천성적으로 지식을 늘리는 데 별로 관심이 없었습니다. 책도 그다지 많이 읽지 않았고요. 지금도 결코 독서가는 아닙니다. 그래서 뭐든 3권을 추천하라는 주문에 끙끙대고 있습니다. 다른 선생님들은 너무 많아서 신음하겠지만 저의 경우는 없어서 괴롭습니다. 신음하다가 책 2권을 떠올렸습니다. 사춘기 시절 조르주 바타유(Georges Bataille)의 『눈 이야기 *Histoire de L'oeil*』에 빠졌습니다. 좀처럼 남들 앞에서는 읽을 수 없는 과격한 책입니다. 그래도 고등학교부터 대학시절까지 그렇게 심연에 예리한 칼을 숨겨두고 싶은 기분이었습니다. 그리고 조금 지나서는 대학에서 대학원에 걸친 시기였을까, 니시와키 준자부로(西脇順三郎)의 시집이 무척 소중한 책이 되었습니다. 문고본을 자주 들고 다니면서 읽었지요. 뭐라고 할까. 그 두 책은 온몸으로 받아들이려고 했던 느낌이었습니다. 그 이후로는 이런 일이 사라져 버렸습니다. 지금 읽는 책은 대개 나 자신의 어딘가 한 부분에서 읽고 있습니다. 이제는 일로서도 오락으로서도 아닌, 그 시절과 같은 독서는 불가능할 것입니다. 그러니까 세 번째 책은 없습니다. 10대, 20대 때 책을 더 읽어두었더라면 ……. 반성하고 있습니다.

(도쿄대학 총합문화연구과 교수. 상관기초과학 전공)

2. 진화의 산물로서 인간과 교양 *

인간은 어디까지 침팬지인가

우선, 현생 대형유인원(침팬지, 고릴라, 오랑우탄)과 사람(호모 사피엔스)의 분자계통수(分子系統樹)를 그린 그림을 봅시다. 침팬지의 가지와 현대인의 가지가 이웃하고 있으며, 고릴라와 오랑우탄의 가지는 거기에 약간 못 미치는 지점에서 나누어지고 있습니다. 분자시계라는 방법을 이용하여 진화의 시간을 따라 근원 쪽에서 더듬어 나가면, 먼저 약 1,300만 년 전에 오랑우탄의 무리가, 그리고 뒤를 이어 약 700만 년 전에 고릴라의 무리가 분리되었고, 마지막으로 약 5~600만 년 전에 인류와 침팬지의 무리가 나누어졌다고 추정됩니다. 큰 가지로 묶으면 인류와 침팬지, 보노보 그룹을 하나로 묶을 수 있기 때문에 캘리포니아대학교의 제러드 다이아몬드는 '사람' 을 '제3의 침팬지' 라고 불렀습니다. 여기서 중요한 것은 침팬지와 고릴라 중 어느 쪽이 '사람' 에 더 가까운가 하는 작은 문제보다도, 크게 봐서 '사람' 은 대형 유인원 그룹의 밖이 아닌 그 내부에 위치하고 있다는 사실입니다. 기원을 생각해 보면 인간은 뭔가 특별한 영장류가 아니라 일개 대형유인원에 지나지 않는다는 것입니다. 자세한 것은 여기에서 설명하지 않겠지만 생물인류학자가 이 결론에 이르기까지는 약 1세기라는 긴 시간이 걸렸습니다. (알아두기: 여기에서는 생물학적 학명으로서 '사람(Homo)' 과 일반명사로서의 '인간(人間)' 을 나누어 사용한다. '인류' 란 원인(猿人)과 원인(原人)도 포함하는 큰 분류 단위다. 또 '사

---

* 하세가와 도시카즈(長谷川壽一), 도쿄대학 총합문화연구과 교수. 생명환경과학 전공

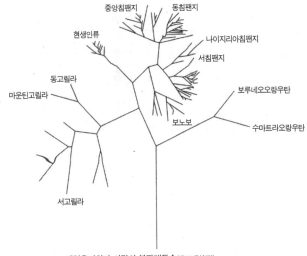

중앙침팬지　　동침팬지

현생인류　　　　　　　나이지리아침팬지

　　　　　　　　서침팬지

동고릴라

마운틴고릴라　　　　　　　　　　　보루네오오랑우탄

　　　　　　　보노보　　　수마트라오랑우탄

서고릴라

대형유인원과 사람의 분자계통수(分子系統樹)

람'은 현생종(現生種)으로서는 호모 사피엔스(Homo Sapiens, 현대인)뿐이지만, 진화적으로는 네안데르탈인(Homo Neanderthalensis)이나 호모 에렉투스(Homo Erectus) 등 여러 종류의 '사람'이 존재했다.)

　다윈의 진화론 이후 130년 이상이 지난 오늘날에는 '사람'이 생물계의 일원이며 진화의 산물이라는 인식은 상식이 되었습니다. 로마교황청도 1997년, 진화론은 가톨릭 교의와 모순되지 않는다고 발표했습니다. 그렇지만 인간 중심의 세계관은 그리 간단하게 무너지지 않고 있습니다. 인간과 다른 동물 사이에는 넘기 힘든 선이 있어서 인간(특히 인간의 정신)은 특별하다는 생각에는 실로 뿌리 깊은 전통이 있습니다. 1997년의 바티칸 발표에서도 '인간의 마음은 신에게 받은 것으로 진화론과는 관계가 없다'는 단서가 붙어 있죠.

그러나 앞에서 서술한 분자(分子)의 증거뿐만 아니라, 1970년대 이후 대형유인원에 대한 현장 연구와 실험실에서의 심리학 연구가 진행되자, 그들이 인지능력을 많은 부분 우리와 공유하고 있다는 사실이 밝혀졌습니다. 예를 들어 야생 침팬지는 복수의 도구를 구분하여 사용하고 문화의 맹아라고 할 수 있는 사회적 전통을 가지고 있었습니다. 공동으로 사냥하면서 권모술수를 발휘해 '정치'도 하고 때로는 집단끼리 '전쟁'도 일으킵니다. 언어훈련을 받은 사육 침팬지, 보노보, 고릴라는 수십에서 100개 이상의 어휘를 이해할 수 있으며 수화나 인공언어도 구사해 냅니다. 교토대학교 영장류연구소에 있는 '아이'라는 침팬지는 제시된 화면에 나타난 5~8개의 숫자를 거의 순식간에 기억하고, 숫자가 사라진 뒤 그 위치를 순서대로 찾아냈습니다. 그리고 그 스피드는 대학원생을 능가할 정도였습니다.

이 결과는 유인원이 얼마나 '인간적'인가를 나타내는 연구 성과였으나, 역으로 인간의 행동이 어디까지 '침팬지적' 혹은 '영장원적(靈長猿的)'인가에 대해서도 많은 실증연구가 쌓이는 계기가 되었습니다. 필자의 연구그룹에서는 침팬지와 인간의 유아를 대상으로 개체 간 '충돌(conflict) 행동'(이른바 싸움) 후에 어떠한 행동을 주고받는지에 대해 공통의 관찰 방법으로 조사했습니다. 그러자 두 종류의 유인원은 싸운 뒤 동일하게 당사자들이 침착성을 잃고 안절부절못하며 자신의 신체를 만지작거리는 자기지향성 전위행동을 나타냈습니다. 그 다음에는 대부분 서로 접촉하거나 껴안거나 인사하는 행동을 통해 '화해'하는 것을 알 수 있었습니다. 이것은 일본원숭이 등도 마찬가지였습니다. 집단으로 생활하는 영장류에게는 일상적인 작은 분쟁이 끊임없이 일어나지만, 그들은 개체 사이의 갈등을 내버려두는 것이 아니라 관계 회복을 시도하려고 합니다. 이러한 사회적 영장류 사이에는 사회적 스트레스를 경감시키려는 타고난 심리 메커니즘이 공통으로 작용하고 있다고 판단됩니다.

일찍이 다윈 자신이 『인간과 동물의 감정표현』(1872)에서 상세히 검토한 것처럼, 인간이 보여주는 여러 가지 동작이나 표정도 잘 관찰해 보면 침팬지나 다른 영장류와의 연속성을 파악할 수 있습니다. (알아두기: 인터넷에서 bushorchimp.com이라는 사이트를 검색해 보면, 두 종의 표출행동이 얼마나 닮았는지를 재미있게 비교할 수 있다.) 다윈은 또 『인간의 진화』(1871)에서는 인간을 특징 짓는 사회적인 도덕감정조차도 영장류나 그 외 동물에게 그 맹아가 있다고 밝혔습니다. '사람'의 본성에 대한 생물학적 루트를 탐구하는 학문분야는 1990년대 이후 구미를 중심으로 급속히 번성하여 진화심리학이라는 새로운 영역을 형성하기에 이르렀습니다.

'인간'은 어떻게 특별한 침팬지인가

인류 진화의 역사를 돌아보면 침팬지의 선조와 갈라진 약 600만 년 전부터 현재까지인 약 3분의 2의 시간 동안 인류는 두 다리로 걷기 시작했으나 뇌 용량은 대형유인원과 거의 같았으며 오스트랄로피테쿠스(猿人) 단계에 머물러 있었습니다. 약 200만 년 전에 겨우 최초의 '사람(호모)족'이 등장해서 그 후 잘 알려진 호모 에렉투스(原人) 시대가 100만 년 이상 계속되었습니다. (알아두기: 최근 인도네시아에서 발견된 '작은' 사람, 호모 플로레시엔시스는 호모 에렉투스의 후예로 추정되며 진화적으로 보아 극히 최근인 18,000년 전까지 생존했다.) 호모 에렉투스는 오스트랄로피테쿠

스보다 큰 뇌를 가지고 현대 목수들도 그리 간단히 만들지 못하는 손도끼(hand ax)라는 섬세한 석기를 제작했으며 불도 관리하는 등 다른 유인원에게는 없는 특징을 갖고 있었습니다. 즉, 특별한 침팬지를 향한 첫걸음을 내디뎠던 것입니다. 그러나 호모 에렉투스는 여전히 자연 속에 동화된 유동생활(遊動生活)을 하고 있었습니다. 그들은 인류의 고향인 아프리카에서 출발하여 아시아와 유럽까지 진출했지만 촌락과 같은 사회조직을 갖지 못했으며 조직적으로 대형 짐승을 수렵했다는 명확한 증거도 없습니다.

에렉투스 시대에 인간다움의 맹아가 어떻게 생겨났는지에 대해 좀 더 자세히 살펴보겠습니다. 호모 에렉투스는 오스트랄로피테쿠스 시대와 비교할 때 남녀의 체격 차이가 줄었다고 알려져 있습니다. 일반적으로 포유류는 암수의 체격 차가 클수록 일부다처의 경향이 강하고, 반대로 그 차이가 작을수록 일부일처의 경향이 강하기 때문에 호모 에렉투스들 사이에는 남녀 커플 간의 유대가 강했다고 추정할 수 있습니다. 또 호모 에렉투스는 쭉 뻗은 직립 체형으로 직립이족보행(直立二足步行)의 완성 단계에 이르렀으며 이와 함께 산도(産道)가 활 모양으로 굽어져 여성의 난산을 야기했다고 합니다. 더욱이 태아의 뇌가 커짐에 따라 다른 영장류에 비해 미숙한 상태로 출산하게 되었습니다. 보다 성숙한 상태의 뇌를 가지고는 산도를 통과할 수 없었기 때문입니다. 현재 '사람'의 아기도 영장류의 기준에서 보면 극히 미숙한 상태로 태어나는데 이 현상은 호모 에렉투스 시대부터 시작되었다고 합니다. 이를 종합해서 생각해 보면 모친의 양육 부담이 증가함에 따라서 연대가 깊은 파트너인 남성이나 모친의 친족이 양육을 돕게 된 것이 거의 확실합니다. (알아두기: 인류학자들 사이에서는 모친의 양육에 대한 주된 후원자가 아이의 부친이었는지, 아니면 할머니였는지를 둘러싸고 논쟁이 계속되고 있다.) 호모 에렉투스의 가족생활이 어떤 형태였는지 확실하지는 않지만 다른 대형유인원에게서는 볼 수 없었던 가족 사이의 협력관계가 '사람'에게 고유한 협조성이나 호혜성의 기초를 길러냈다고 여겨집니다.

모자 관계에만 주목해 보면 침팬지, 고릴라, 오랑우탄 모자의 유대관계는 '사람' 보다도 훨씬 밀착형으로, 새끼들이 4, 5세가 될 때까지 어미는 항상 함께 있으면서 보살핍니다. 침팬지는 수유기부터 어미와 새끼가 빈번히 서로를 응시하고, 새끼는 어미가 보는 방향에 주의를 기울입니다. 그러나 인간의 모자관계와 비교해 큰 차이라면 침팬지 새끼는 어미가 본 방향을 본 뒤에 어미의 반응을 뒤돌아서 확인하지 않습니다. 어미의 경우도 새끼와 새끼가 보는 방향을 번갈아 비교해 본 후 새끼의 행동을 통제하는 일은 거의 없습니다. 아마도 그 결과겠지만 유인원의 어미들은 인간에게는 지극히 일반적으로 나타나는 능동적인 예절 훈련이나 교육에 해당되는 행동을 하지 않습니다.

타자의 마음을 읽는 능력

침팬지 새끼는 도구의 사용법 등 문화적 전승행위를 부모의 뒤에서 보고 배우지만 인간의 아이처럼 어미에게 꼼꼼한 가르침을 받지는 않습니다. 이러한 차이는 매우 중요합니다. '교육'이라는 행위를 성립시키기 위해서는 타자가 물건을 봤을 때 본 대상에 대해서 어떠한 가치 측정, 즉 '좋다, 나쁘다, 좋아한다, 싫어한다'라는 평가를 하고 신념을 가지고 있는지를 관찰하는 능력, 한마디로 말하면 타자의 마음을 읽는 능력이 필요합니다. 여기에서 인간과 침팬지 사이에 큰 차이가 생기는 것입니다.

　(이제부터는 개인적인 추측이지만) 그 기원은 호모 에렉투스 시대에 생겼을 것 같습니다. 매우 농밀한 유인원적인 모자관계가 호모 에렉투스 시대에 들어가면 모친의 양육 부담이 과도해짐으로써 일단 분리됩니다. 모자 분리의 결과 모자 사이의 강한 유대가 직접적 생리적인 성격에서, 보다 심리적인 성격으로, 질적으로 전환한 것입니다. 거리가 떨어진 부모 자식 사이에서는 심적 상태의 모니터링과 상대방의 행동을 조작하는 것(예를 들어, 모친에게 와주었으면 좋겠다거나 아이에 대해 안심해도 좋다는 등 신호의 발신)이 불가피합니다. 유인원에게는 배려와 공감이라는 독심 능력을 전제로 한 이타적 행동이 에피소드 정도로밖에 보고되지 않지만, 인간에게는 이러한 사회감정이 보편적으로 보이는 것의 분기점은 모자 간의 심리적 커뮤니케이션의 질적 변화에 있었던 것은 아닌지 추측합니다.

　더욱이 가족생활을 영위하기 시작한 호모 에렉투스의 사회에서 이러한 종류의 사회적 감정이 모자 관계를 넘어서 가족 성원 간으로 확대되고 숙성되어 갔다고 볼 수 있습니다. 그리고 심적 상태를 상호 모니터함으로써 가족 간의 친밀한 관계성이 더욱 일반화되고, 그 후 더 큰 사회 속에서 협력 행동의 진화를 가능하게 했다고 판단됩니다. 침팬지를 관찰하면서 때로는 부럽게 생각되던 '마이페이스적'인 삶의 방식으로는 역시 조직화된 공동체 사회를 구축하는 데 한계가 있습니다. 우리들의 먼 조상이 타자의 마음을 이해할 수 있게 된 일은 다음에 서술할 언어 커뮤니케이션의 성립에도 큰 영향을 미쳤다고 할 수 있습니다.

문화, 심벌, 언어

침팬지에게는 없고 '사람'에게는 있는 독특한 특징으로 때때로 상징적인 심벌을 구사하는 고도의 지성(知性)을 제일 먼저 꼽을 수 있습니다. 이러한 특징은 지금부터 약 3~5만 년 전 현생인의 직접 선조인 신인(新人, 호모 사피엔스) 단계에 이르러서 겨우 나타났습니다. '문화적인 사람'의 역사는 의외로 짧아서 침팬지의 공통 선조와 갈린 이후의 600만 년 중에 최후의 1%에 지나지 않습니다. 고고학자들이 문화의 빅뱅 또는 문화 폭발이라고 부르는 이 시기부터 암벽에 새겨진 기호와 같은 형태, 동굴 그림, 조각상, 장식품 등이 세계 각지에서 속속 발견되었습니다. 약 15만 년 전 아프리카에 출현한 신인(호모 사피엔스)들은 수렵의 달인이었으며, 대형포유류를 뒤쫓듯이 5만 년 전 경부터 오세아니아와 아메리카 대륙을 포함한 세계 각지로 확산되어 이윽고 지상에서 가장 번성한, 생태학적으로 말하면 생식영역이 넓고 총중량이 큰 동물이 되었습니다. 신인에 앞서 약 30만 년 전에 나타난 네안데르탈인은 신인보다 큰 뇌 용량을 가지고 있었지만 기호나 그림 등 상징적인 유물을 거의 남기지 않았습니다.

음성언어는 유물로 남지 않으므로 그 기원을 밝히는 것이 매우 곤란합니다. 다만 최근 보고된 언어능력과 연계된 유전자 탐색의 연구에 의하면 FOXP2라고 불리는 이른바 '언어 관련 유전자'에 새로운 변이가 생긴 것은 과거 20만 년 이내(즉 신인 시대에 해당함)의 일이라고 추정되고 있습니다. 그 이전의 원시인이나 네안데르탈인들이 지금의 언어와 다른 형태의 언어적 음성 커뮤니케이션을 했다는 것은 매우 있을 법한 일입니다. 하지만 문법과 시제를 갖춘 언어의 탄생은 아마도 신인이 기호를 자유자재로 구사하게 된 시기의 일일 것입니다.

오늘날과 같은 언어를 익힘으로써 다른 유인원과 인간 사이의 차이가 단숨에 벌어진 것이 분명합니다. 현재 언어 훈련을 받고 있는 유인원은 음성언어를 듣고 어느 정도까지 이해하지만 스스로 문법을 갖춘 말을 하려 하지는 않습니다. 수화나 기호에 의한 그들의 '발언'은 겨우 두 단어로 된 문장으로, 그 대부분은 자신의 요구에 관계된 것입니다. 이에 비해 인간의 아이는 두 살 이후 폭발적으로 어휘 수가 늘어나서 어제나 내일의 일에 대해 이야기하고 자기의 욕구뿐만 아니라 타자의 기분에 대해서도 정확히 이해한 다음에 서술할 수 있게 됩니다.

언어를 획득한 인간(호모 사피엔스)은 생식지의 자연환경이나 자연현상에 이름을 붙이는 행위를 통해 박물학적 지식을 심화시키는 데 그치지 않고 이미지나 기억, 사고, 추론, 타자 이해라는 심리적 세계를 향한 문을 크게 열어 나갔습니다. 20세기 인류학자가 조사해 왔던 수렵채집 생활의 대부분은 무문자(無文字) 사회였으나 어떤 전통사회에서든 전승과 신화, 규범과 사회계약, 노래와 예술 등 매우 풍부한 정신문화가 구축되어 있었습니다. 이 단계에서 인간은 침팬지나 보노보와는 전혀 다른 차원의 세계에 발을 들여놓은 것입니다.

문명과 문자가 가져다준 것

극심한 기후변동을 반복한 최후의 빙하기가 끝나고 약 1만 2,000년 전에 현재의 간빙기(온난하고 안정된 시기)로 들어오자마자, 지구상의 몇 개 지역에서 농경이나 목축이 시작되었습니다. 식료품을 비축할 수 없었던 수렵채집 생활의 시대와 달리 식량을 증산하고 잉여생산을 관리할 수 있게 됨으로써, 사회계층이 분화되고 절대적인 권력과 문명이 동시에 탄생했습니다. 이 책의 주제인 '독서'의 전제가 되는 문자가 발명된 것도 이 즈음입니다. 문자는 애초에 종교문서, 국왕의 출생이나 즉위, 전쟁기록, 천체관측기록, 주술 등 왕이나 종교라는 특권층을 위한 것으로서, 극단적으로 말하면 문자는 사람을 예속시키기 위한 도구로 생겨났습니다. 문자를 읽고 쓸 수 있는 이들도 서기(書記)나 신관(神官) 등에 한정되어 있었으므로 암호라고 말하는 편이 적합할 정도입니다. 그러나 문자의 유용성이 문자 자체의 성질을 바꾸어 갑니다.

당신이 바로 지금 마주보고 있는 이러한 문자가 만약 없었다면 우리는 어떤 생활을 해야만 할까요. (트뤼포 감독이 영화화한 브래드베리의 소설 『화씨451』이 생각납니다.) 문자에 의존하지 않고 생활하는 것은 전통사회에서 살았던 인간에게는 이상한 일이 아니었고, 고대 문명 가운데도 모든 문명이 문자를 사용했던 것은 아닙니다. 현대 선진국에서조차 국민의 100%가 글자를 아는 것은 아닙니다. 그렇다 하더라도 문자가 인간 문화의 질과 사고의 형태를 바꾸었다는 것은 분명합니다. 무엇보다도 문자는 지식을 뇌의 외부에 기록하여 구전에 의존하지 않고 문화를 전할 수 있게 했습니다. 한 인간의 뇌로는 도저히 다 기억할 수 없는 양의 정보를 축적할 수 있고, 문자를 읽을 수만 있으면 누구나 가타리베(일본의 고대 문자가 없던 시대에 구전되어 오던 신화, 역사, 전승 등을 암송하여 전하는 일을 직책으로 하던 사람 혹은 집단)를 통하지 않고 그 정보에 접근할 수 있게 되었습니다.

공유하는 사람이 늘어나면 수요자의 상호연결이 좋아지는 것은 인공물에서는 당연한 이치입니다. (1980년대 컴퓨터의 명령이나 입력방식은 당시에는 획기적이었으나 지금은 도저히 사용할 수 없게 되었습니다.) 만들어진 직후에는 애매하게 다의성(多義性)을 가졌던 설형문자도 곧 세련되어졌습니다. 중국에서 태어난 상형문자가 비교적 단기간에 변화해 가는 과정도 마찬가지입니다. 문자로 기록된 정보는 음성언어보다 전달·확산되는 속도가 빠르고 더 정확하게 복제할 수 있습니다. 문자는 말과는 달리 동시에 보고 비교할 수 있기 때문에 상호 참조해서 거기서 새로운 정보를 만들어내기도 쉽습니다. 인간사회가 다른 유인원과 구별되는 가장 큰 특징 중 하나는 협력 행동과 공동 행위에 있다고 앞에서 서술했는데, 그 협조관계를 유지하기 위해서, 즉 프리라이더(free rider)의 문제를 피하기 위해서, 필요한 약속도 단순히 구두 약속이 아닌 문자로 쓴 계약이라는 형식을 가지게 되면서 구속력을 증대시켰습니다. 계약 문서에서 보증이나 신뢰의 수준이 현격하게 높아짐은 말할 필요도 없습니다. 문자의 보급에 따라서 교사, 법률가, 역사가, 신학자 등 문자를 취급하는 여러 직업이 파생하였고 사회 속에서 지식인이라는 계층이 나타났습니다.

인간을 진화적으로 이해하는 것의 의미

그 이후 유사 이래의 세계사를 여기에서 구체적으로 서술하지는 않겠지만, 문명을 익힌 인간은 다른 생물을 단번에 따돌리고 지성과 테크놀로지를 구사해서 자연환경을 지속적으로 변화시키고 결국은 지구의 지배자로 올라섰습니다. 과거 5,000년 동안 인간의 행위는 끊임없는 살육과 비인도적인 착취, 빈곤, 기아, 역병이라는 많은 부정적 측면이 있었지만, 근대사회에 들어와서는 인류 전체의 복지나 인권 보장을 지향하는 방향으로 나아가고 있습니다. 그러나 금세기에 들어와서 일찍이 없었던 거대한 먹구름이 눈앞에 드리워졌습니다. 환경문제, 문화 간의 알력과 충돌, 빈부 격차의 확대가 인류 전체의 생존을 위협하고 있습니다. 어느 문제에 관해서든 낙관론자와 비관론자가 있게 마련인데, 전자에게서는 에너지 문제와 식량문제도 새로운 과학기술로 하나씩 극복해 나갈 수 있을 것이라는 의견을 들을 수 있습니다. 그러나 21세기 인류의 장래라는 배의 키잡이는 제트기나 거대 유조선의 자동운행 시스템과 같은 기술력의 문제만이 아닙니다. 자연과학과 인문사회과학의 예지(叡智)를 결집하지 않으면 해결할 수 없습니다. 그 대전제가 되는 것이 우리들 자신이 인간을 어떻게 자리매김할 것인가, '너 자신을 알라'라는 델포이의 신탁에 대해서 현대를 살고 있는 우리들이 과학적 식견에 비추어 어떻게 대답할까 하는 것입니다.

일찍이 다른 많은 생물이 절멸할 때와 같은 상황이 인간에게도 다가오고 있음을 많은 이들이 감지하고 있습니다. 생식환경의 악화, 생존을 위한 각종 자원의 고갈, 잉여자원을 둘러싼 처참한 분쟁, 생태계의 교란에 따른 새로운 역병의 출현이 이미 지구 각지에서 일어나기 시작했습니다. 급격한 개체 수 증가(인구 폭발) 후에 큰 위기 상황이 일어나는 것도 생태학에서는 잘 알려진 사실입니다. (천적이 없는 상황에서 번식력이 높은 동물이 개체수를 크게 늘려가는 현상도 때때로 보입니다.) 한편 문자의 발명에서 시작된 정보화 혁명은 인간사회에 많은 혜택을 가져왔으나 과도한 정보화가 현실 감각과 신체성을 마비시켜 우리들이 육체를 가진 생물이라는 사실을 어느덧 잊어버리게 만들었습니다.

이러한 상황에서 필요한 것은 바로 인간 역시 생물계의 일원이며 진화의 산물이라는, 인간을 이해하는 기본적인 사고방식입니다. 5년, 10년이라는 단기적인 시점이 아니라 짧아도 수천 년, 더욱이 수만 년에서 수백만 년이라는 긴 시간 속에서 인간을 자리매김하는 자세가 지금 요구되고 있습니다.

교양이란 무엇인가

마지막으로 전공인 동물행동학에 비추어서 교양이란 무엇인가에 대해 이야기하는 것으로 글을 마치려 합니다. 말할 것도 없이 교양을 갖는다고 해서 즉각적인 효용이 있는 것은 아닙니다. 인간이 침팬지 그룹의 일원이라는 사실을 알게 되었다고 해서 그것을 모를 때와 비교해 삶의 방식이 금세 변하는 것은 아닙니다.

그렇다면 잡학과 교양은 어디가 다른 것일까요? 명확하게 선을 긋기는 어렵지만 잡학은 개별 지식의 집합인 데 비해 교양은 보편적인 지(知)의 체계, 또는 그것을 지향하는 자세라고 생각합니다. 무엇인가를 알고 있을 뿐인 잡학에는 평가나 의사결정이 요구되지 않지만, 교양에는 세상사에 대해 기술할 뿐만 아니라 그것을 어떻게 가치 매기고 판단하느냐 하는 문제가 중시됩니다. 셰익스피어의 전 작품의 이름을 열거하기만 한다면 잡학의 영역에 지나지 않지만, 각각의 작품을 관련짓고 그 배경이나 의의를 설명할 수 있는 지식(또는 그것을 알고 싶어하는 자세)은 확실히 교양이라고 부를 수 있습니다.

사람은 다른 어떤 동물보다 학습능력이 뛰어나며 엄청나게 많은 사물을 알고 있습니다. 일반적인 대학생이라면 만 단위의 낱말을 이해합니다. 이것만으로도 놀랄 만하지만, 인간은 그 말을 조합하여 복잡한 사실과 현상을 표현하고 사물의 이치나 구조를 설명하며 그것에 의미를 불어넣습니다. 또 개개의 지식을 상호 관련지음으로써 더욱 새로운 차원의 지식을 낳기도 합니다. 이러한 지식의 계층성이나 상호작용은 다른 동물에게서는 결코 볼 수 없는 능력입니다.

이 작업에서 생각해 볼 때 교양은 새롭게 흡수한 개별 지식을 종래의 지적 체계에 어떻게 편입시킬 것인가, 만약 편입되지 않는다면 지적 체계를 어떻게 재편성할 것인가의 문제와 깊은 관계가 있습니다. 예를 들면 새로운 테크놀로지로 인공적인 생명이 탄생했을 때 그것을 어떻게 다루어야 하는가, 종래의 법률로는 대응할 수 없는 문제가 발생했을 때 어떻게 대처해야 하는가 등등 입니다. 물론 이런 문제는 너무 많아서 일일이 열거할 수도 없습니다.

우리들은 어떤 존재며 인간이란 무엇인가에 대한 지적 체계는 인간 활동에서 기인하는 여러 현상의 의미를 묻고 인간사회를 운영하는 데 특히 필요한 기본 축입니다. 이 글에서 서술한 '진화적 산물로서 사람이라는 생물'이라는 기본적인 인식은 인류 사상 최대의 격동기에 직면한 우리들이 잘못된 길로 들어서지 않도록 해주는 필수교양이라고 할 수 있습니다.

추천도서

• 리처드 도킨스, 『이기적인 유전자』, 홍영남 옮김, 을유문화사, 2002.
• 齋藤成也, 『ゲノムと進化─ゲノムから立ち昇る生命』(사이토 나루야, 『게놈과 진화─게놈에서 시작된 생명』), 新曜社, 2004.
• 제레드 다이아몬드, 『제3의 침팬지』, 김정흠 옮김, 문학사상사, 1996.
• 제레드 다이아몬드, 『총, 균, 쇠』, 김진준 옮김, 문학사상사, 2005.
• 찰스 다윈, 『인간의 유래 1, 2』, 김관선 옮김, 한길사, 2006.
• 長谷川壽一 · 長谷川眞理子, 『進化と人間行動』(하세가와 도시카즈 · 하세가와 마리코, 『진화와 인간행동』), 東京大學出版會, 2000.

- 스티븐 핑커, 『빈 서판: 인간은 본성을 타고나는가』, 김한영 옮김, 사이언스 북스, 2004.
- Robin Dunbar, *Grooming, Gossip and the Evolution of Language*, Faber and Faber, 1996.
- Byrne Richard & Whiten Andrew edited, *Machiavellian Intelligence: Social Expertise and the Evolution of Intellect in Monkeys, Apes, and Humans*, Oxford University Press, 1988.
- Mithen Steven, *The Prehistory of the Mind: A Search for the Origins of Art, Religion and Science*, Thames and Hudson, 1999.
- Humphrey Nicholas, *The Mind Made Flesh*, Oxford University Press, 2003.
- Richard Klein with Blake Edgar, *The Dawn of Human Culture*, John Wiley & Sons, 2002.
- Wilson Edward Osborne, *Consilience: The Unity of Knowledge*, Alfred A. Knopf, 1998.
- 앨런 소칼, 『지적 사기』, 이희재 옮김, 민음사, 2000.
- 石浦章一, 『遺伝子が明かす脳と心のからくり―東京大學超人氣講義錄』(이시우라 쇼이치, 『유전자가 폭로하는 뇌와 마음의 계략―도쿄대학 인기강의록』), 羊土社, 2004.
- Damasio Antonio, *The Feeling of What Happens: Body and Emotion in the Making of Consciousness*, Harvest Books, 2000.
- 下條信輔, 『サブリミナル・マインド―潛在的人間觀のゆくえ』(시모조 신스케, 『서브리미널 마인드―잠재적 인간관의 행방』), 中公新書, 1996.
- 山岸俊男, 『社會的ジレンマ「環境破壞」から「いじめ」まで』(야마기시 도시오, 『사회적 딜레마―'환경파괴'에서 '이지메' 까지』), PHP新書, 2000.
- 大津由紀夫・波多野誼余夫 編, 『認知科學への招待―心の研究のおもしろさに迫る』(오쓰 유키오・하타노 기요오 편, 『인지과학으로의 초대―마음 연구의 즐거움에 다가서다』), 硏究社, 2004.

┌─ column ─────────────────────────────────

픽션으로서의 현실

하스미 시게히코(蓮實重彦)

불안한 걸음으로 21세기에 발을 들여놓은 인류는 자신들이 만들어낸 20세기가 어떤 시대였던가를 검증할 여유도 갖지 못한 채 여전히 19세기의 망령에 떨고 있습니다. 과거의 100년을 '전쟁과 대량학살의 시대'로 이해하는 것만으로는 사태를 완전히 파악하지 못할 터인데도, 지식인이라 불리는 인종들까지 그 이상을 언급하지 못한 채 '테러와의 전쟁' 같은 것에 겁을 먹고 있습니다. 즉 그리스 이래 서구의 전통적인 사고로는 현실로 인식하기 힘든 '픽션'이, 수상한 낌새를 근거로 어느 사이엔가 지구를 석권해 버린 현재 상황에 대한 두려움의 부재에 대응하고 있습니다. 진실로 겁내야 할 것은 주위에 설쳐대는 '픽션으로서의 전쟁'과 그것이 선동하는 '픽션으로서의 폭력'일 뿐입니다. 이런 것을 생각해보기 위한 계기로서 일본 고전문학의 대표작가 모리 오가이(森鷗外)의 『가노요우니(かのように)』를 비판적으로 읽어보는 것은 어떨까요. 이 책은 1911년 라이프치히에서 간행된 한스 화이힌게르의 『가노요우니의 철학』에 자극받은 오가이가 1912년 도쿄에서 쓴 중편소설입니다. 주인공은 자작(子爵)의 자제인데 이 '가치구미(勝ち組)'(가치구미(勝ち組)란 두 가지 의미가 있다. 첫 번째는 제2차 세계대전 이후 정보가 없어서 일본이 전쟁에서 이겼다고 생각한 사람들, 두 번째는 현대사회에서 사회적 지위나 신용을 갖고 있거나 경제적인 면에서 성공을 거둔 기업이나 개인을 가리킨다. 여기서는 두 번째 의미로 사용되었다. 반대말은 마케구미(負け組み), 옮긴이)의 한 사람이 표명하는 사상을 바른 예언으로 받아들일 것이 아니라, 그 잠재적인 '픽션으로서의 현실'을 해독해야만 합니다. 화이힌게르를 일본에도 영향을 미친 법학사상이 아닌 문학이론으로서 읽는데 80년의 세월을 필요로 했던 서구의 지성(知性)에 비해, 간행된 다음 해에 이를 언급한 모리 오가이의 신속한 지성에 대해 생각해 보는 것도 헛된 일은 아닐 것입니다. 그때 허다한 주석서는 일체 참고가 되지 않습니다.

(도쿄대학 명예교수. 영화비평 · 표상문화론 전공)

└──

해이해지지 않는 정신의 운동

에리스 도시코(エリス俊子)

이시카와 준(石川淳)의 사고는 펜과 함께 호흡하고 펜과 함께 춤춥니다. 어느 작품이든 좋으니 한 권 손에 들고 문자가 엮어내는 리듬에 몸을 맡겨 보세요. 미래 환상소설 『매(鷹)』에 등장하는 구니스케(國助)는 '내일 이야기' 신문을 발행하는 비밀연초제조공장 혁명집단의 활동에 휘말립니다. 『백두음(白頭吟)』에서는 국회의원의 자식인 오바나 신이치(尾花晋一)가 바쿠닌의 번역에 분주한 다이쇼 시기의 아나키스트 집단과, 그것도 엉뚱한 일로 얽혀버리게 됩니다. 이렇게 말하면 '혁명문학' 처럼 들릴지도 모르지만 여기에서 전개되는 것은 숨을 죽이는 혁명의 드라마가 아니라, 숨이 막힐 것 같은 밀도를 가진 문자(文字)의 운동입니다. 그리고 거기에서 생성되는 에너지는 한결같이 정체하는 것을 싫어하며, 다음 행(行)으로, 그리고 미연형(未然形)의 내일을 향해 나아갑니다. 이시카와 준은 박학했지만 그의 교양은 지식의 축적으로서 책꽂이에 진열되는 것이 아니었으며 또한 관념으로서 안이하게 유지되는 것도 아니어서, 순식간에 문자의 운동이 되고 반대로 그것은 독자를 해이해지지 않는 생(生)의 운동으로 몰아붙입니다. 구태여 혁명 이야기 등을 좋아하지 않는 사람은 밤하늘에 은잔(銀盞)이 비상하는 『소로리바나시(曾呂利咄)』 등을 소리 내어 읽어보는 것도 좋습니다. 완전히 다른 종류의 읽을거리지만 마찬가지로 풍부한 지식과 정신 운동의 연결을 가르쳐주는 서적으로서, 에드워드 W. 사이드의 『문화와 제국주의』를 들고 싶습니다. 안이한 상대주의로 세계 여러 문화의 이질성(異質性)을 이야기하는 관점을 넘어서, 근대를 통해 뒤얽히고 서로 겹쳐진 여러 문화의 억압과 저항의 역사를 소설의 분석을 통해서 부각시킵니다. 이 책은 현대를 살아가는 우리들이 관여할 수 있는 정신 운동의 가능성에 대해서 큰 시사를 줍니다.

(도쿄대학 총합문화연구과 조교수. 언어정보과학 전공)

3. 벽 저편의 교양서 *

옛일을 기록하고 다가올 일을 생각하다

교양서라고 하면 과거의 경험이 낳은 귀중한 지식과 식견이 담긴 것이며, 실리적인지 어떤지는 차치하더라도 반드시 읽어야 한다고 여겨지는 게 보통입니다. 이런 강요하는 듯한 진부한 이미지는 어쩔 수 없는 것일까요. 수신(受身)이 되기에 읽는 것이 아니라 능동적으로 창출해 내는 것, 과거의 굴레에 묶여 있는 것이 아니라 장래를 통찰할 수 있다고 하는 넓고 밝은 이미지는 정말 교양서와는 무관한 것일까요.

뜻밖이라고 느낄지 모르겠으나 오히려 20년 후의 미래를 내다보고, 예를 들어 서기 2025년의 세계를 상정하여 교양의 가이드북을 생각해 보면 어떨까 합니다. 이미 약간은 고색창연해진 '교양'이라는 개념이 그때까지 남아 있을지는 심히 의심스러우나, 그것에 준하는 개념이 있다고 하면 적어도 교양(culture)의 서식처라고 할 개별 문화(culture)가 있을 것이고, 그 문화를 지탱하는 개별 언어가 존재한다는 사실에도 아마 변함이 없을 것입니다. 앵글로 색슨의 언어문화적 우위가 여전히 계속된다고 하더라도, 영어가 세계에서 보편적으로 문화와 교양을 형성한다고는 생각되지 않기 때문입니다.

'2025년의 세계 언어(모국어) 분포는 대체 어떻게 될까' 라는 물음에 대해서는 이미 다음과 같은 추정이 나오고 있습니다.

쉽게 예상되듯이 중국어가 1위로 약 15억 6,100만 명이 사용할

---

* 다카다 야스나리(高田康成), 도쿄대학 총합문화연구과 교수. 표상문화론 전공
나카지마 다카히로(中島隆博), 도쿄대학 총합문화연구과 조교수. 표상문화론 전공

것으로 예상됩니다. 2위는 영어로 약 10억 4,800만 명, 그 다음으로 프랑스어가 5억 600만 명, 스페인어가 4억 8,400만 명, 그리고 아라비아어가 4억 4,800만 명으로 뒤를 잇습니다. 물론 이는 어디까지나 추정이고 계산 방법에서도 기준은 단순하지 않아서 조목조목 따져 보면 여러 가지 다른 의견이 나올 것입니다. (예를 들어, 중국어의 경우 광둥어 문제를 어떻게 처리할 것인가 하는 문제, 또는 언어와 문화의 힘은 그것을 구사하는 인구의 다소(多少)와 관련된 문제가 아니며 문화의 강도(强度) 등이 분명히 존재한다는 입장 등이 있습니다.)

국제 언어 전략을 통찰하고

여러 가지 문제가 있음은 알고 있지만 시험삼아 이 추정을 기초로 해서 어떠한 것을 구상해 볼 수 있지 않을까요. 독선이라고까지는 말할 수 없지만 편견에서 자유롭지 못한, 그러나 전략적이며 희망적인 관측에 가득 찬 재미있는 제안 하나가 베르나르 카생이라는 프랑스인에 의해 제기되었습니다. 그는 중국어와 영어의 2극 구조가 불가피하다면 어떻게든 세 번째 대언어집단(大言語集團)을 만들 수 없을까 생각했습니다. 그러한 시각으로 언어 지도를 눈여겨보면 원래 라틴어에서 발생한 여러 로망스어가 한 덩어리의 언어집단으로 파악될 수 있을 것 같습니다. 실제로 남유럽에서는 스페인어를 모국어로 하는 사람들과 이탈리아어를 모국어로 하는 사람들이 그대로 대화를 나누는 광경을 드물지 않게 볼 수 있습니다. 그렇다면 여러 로망스어 간의 커뮤니케이션을 효과적으로 도모하는 교육과 훈련을 실시한다면, 프랑스어와 스페인어에 이탈리아어와 루마니아어를 더하여 (10억이 넘는) 일대 로망스어 언어권을 만드는 것이 가능하지 않을까요? 만약 이것이 실현된다면 세계는 최대 15억, 적어도 10억 이상이 사용하는 3대 언어권이 구성하는 3극 구조가 된다는 희망적인 관측입니다.

이 세계 언어의 3극 구조론은 일본어나 한국어의 처지를 잠시 보류해 놓고 본다면 매우 그럴 듯합니다. 물론 언어정책은 정치와 경제의 동향과 무관하지 않기에 일이 그렇게 간단히 진행될 리는 없겠죠. 독일과 북유럽, 또 아랍세계와 러시아가 어떻게 움직이며 혹은 어떻게 움직여지는가 등의 요인을 무시할 수 없을 것입니다.

근대 문화의 근본구조

하지만 미래와 세계를 향한 우리들의 교양 구축이라는 관점에서 보면 이 3극 구조론에는 좀처럼 버리기 어려운 구석이 있습니다. 왜냐하면 현재의 일본문화를 두고 돌이켜본다면, 중국문화는 그 기층을 형성하고 영어권 문화는 근대 서구화의 뼈대를 이루었는데, 그러한 근대 서구의 문화적 기층에는 로망스어권의 문화전통이 존재하기 때문입니다. 또한 다른 관점에서 보면 이렇게 말할 수 있습니다. 근대 세계의 패자(霸者)는 최근 2세기 동안을 지배한 영국과 미국의 앵글로색슨 문화며, 일본의 근대도 많은 부분이 그 그늘 속에서 전개되었습니다. 그러나 일본의 전근대에는 중국문화가 압도적이었고, 서구 세계의 전근대에는 라틴계 문화가 압도적이었습니다. 그렇다면 근대에 숙성된 우리 문화를 장래에 글로벌하게 전개해 나가려면, 중국어권·영어권·로망스어권이라는 언어문화의 3극 구조는 접목점으로서도 적합한 대상이라고 할 수 있기 때문입니다.

언어와 지역의 벽에 둘러싸인 본질을 가진 문화는 무릇 스스로

폐쇄적인 경향을 가집니다. 그러나 교양은 그러한 한계를 넘어서지 않으면 안 됩니다. 어디까지나 교양은 철저하게 현실에 발을 붙여야만 합니다. (culture의 어원이 'cultivate(경작하다)' 라는 사실을 새삼 강조할 필요는 없을 것입니다.) 전통이라는 토양이 있고 그 위에서 교양이라는 나무가 자랍니다. 그러나 이제부터의 교양은 글로벌하게 가지가 뻗어 나가듯 다른 문화와 '접목' 하는 것이 필요합니다. 그러므로 우리의 근대를 직간접적으로 지탱해 준 중국어권 · 영어권 · 로망스어권의 토양은 앞으로 도래할 3극 언어문화구조에 접목시켜 발전해 나가기에 좋을 것입니다.

그 옛날, 시적(詩的) 창조 속에서 '개인적 재능' 과 '전통' 의 관계를 이야기하면서 그것을 '필라멘트와 촉매' 에 비유한 시인이 있었습니다. 글로벌한 교양의 창조를 위해서는 타 문화로의 '접목' 이후에 바로 그러한 화학반응을 기다려야만 합니다. 사실 일본어나 한국어 같은 약소 언어의 문화 · 교양은 이러한 전략으로밖에 살아남을 수 없는 것이 현실입니다. 그러나 생각하기에 따라서는 역으로 유리할 수도 있습니다. 작은 문화지만 널리 세계의 대문화권에 가지를 뻗고 성장하는 그 모습은 분명 힘차고 아름답습니다. 그것은 아직껏 멈추지 않는 알량한 '일본문화 특수론' 을 계속 주장하기보다는 훨씬 생산적이겠지요.

접목적 발전을 향해

그렇다면 가냘픈 줄기인 일본의 근대문화가 3개의 가지를 뻗어 접목시키면서 발전적 변용을 이루고자 하는 3가지 언어문화권에 대해서, 각각의 대표자를 안내자로 등장시켜 각 문화권이 그리는 교양서의 그림을 제시해 보고자 합니다. 각자 자신의 문화적 토양에 서서 젊은이들에게 추천할 책을 50권 정도 들어주었으면 한다는 것이 의뢰의 취지였습니다.

그런데 문제는 누구를 각 언어문화권의 대표자로 뽑을 것이냐에 있습니다. 이는 매우 어려운 문제로서 어떠한 논의를 구성하든 간에 여기에 납득이 가도록 대답하는 것은 물론 불가능합니다. 선별자를 선정한 원칙에 대해서 사실대로 말하자면 한 명을 제외하고는 필자가 존경하는 국제적 교양인인 친구와 지인에게 부탁했음을 밝혀둡니다. 다만 처음에 등장하는 두 명의 선별자에 대해서는 핑계로 들릴지 모르겠지만 나름의 이론적 설명을 준비해 보았습니다.

즉 영어권과 로망스어권을 대표하는 그들은 모두 서구 중세문화의 전문가이고 둘 다 바로 비교문화를 강의하고 있습니다. 일반적으로 중세라는 시대의 문화를 연구대상으로 할 경우, 물론 그 시대에만 전념하는 훌륭한 학자도 많이 있지만, 중간 시대라는 그 특성 때문에 앞뒤의 시대인 고대와 근대에도 주의를 기울이는 것은 당연합니다. 특히 본래 중세학자면서 비교문화의 관점에 서 있는 연구자라면 그 역사적 통찰은 무한히 넓어지지 않을 수 없을 것입니다. 그러한 의미에서 우리가 찾는 영어권과 로망스어권을 대표하는 교양서의 안내자로서 그들만 한 적임자는 없다고 믿습니다.

영어권

얀 지올코프스키(Jan M. Ziolkowski, 하버드대학교 교수. 1956년생. 중세 라틴문학 및 비교문학 전공)

1. 『성서』(특히, 「창세기」, 「출애굽기」, 「욥기」, 「복음서」)
2. 호메로스, 『일리아스』, 천병희 옮김, 단국대학교 출판부, 2001, 『오딧세이아』, 단국대학교 출판부, 2000.
3. 플라톤, 『향연(사랑에 관하여)』, 박희영 옮김, 문학과 지성사, 2003.

4. 소포클레스, 『오이디푸스왕』, 천병희 옮김, 문예출판사, 2001.

5. 에우리피데스, 『메데이아』, 송옥 옮김, 도서출판 동인, 2005.

6. 베르길리우스, 『아이네이스』, 천병희 옮김, 숲, 2004.

7. 오비디우스, 『원전으로 읽는 변신이야기』, 천병희 옮김, 숲, 2005.

8. 루키우스 아풀레이우스, 『황금 당나귀』, 송병선 옮김, 시와 사회, 1999.

9. 아우구스티누스, 『고백록』, 정은주 옮김, 풀빛, 2006.

10. 보에티우스, 『철학의 위안』, 정의채 옮김, 열린책들, 2003.

11. Abelard Peter & Héloïse, *The Love Letters of Abelard and Heloise*, Palgrave MacMillan, 2001.

12. 조제프 베디에, 『트리스탄과 이즈』, 이형식 옮김, 궁리, 2001.

13. Byock Jesse L., *Feud in the Icelandic Saga*, University of California Press, 1993.

14. 단테, 『신곡』, 한형곤 옮김, 서해문집, 2005.

15. 보카치오, 『데카메론』, 허인 옮김, 신원문화사, 2006.

16. 세익스피어, 『세익스피어 전집』, 정음사, 1964.

17. 세르반테스, 『돈키호테』, 박철 옮김, 시공사, 2004.

18. 몽테뉴, 『몽테뉴의 에세이』, 이환 옮김, 서울대학교 출판부, 2004.

19. 로렌스 스턴, 『트리스트람 샌디』, 김일영 옮김, 신아사, 2005.

20. 피에르 소데르로스 드 라클로, 『위험한 관계』, 박인철 옮김, 문학사상사, 2003.

21. 괴테, 『친화력』, 김래현 옮김, 민음사, 2001.

22. 제인 오스틴, 『오만과 편견』, 오승희 옮김, 민음사, 2003.

23. 도스토예프스키, 『까라마조프씨네 형제들』, 이대우 옮김, 열린책들, 2002.

24. 디킨즈, 『두 도시 이야기』, 이기석 옮김, 어문각, 2005.

25. 마크 트웨인, 『허클베리핀의 모험』, 김욱동 옮김, 민음사, 1998.

26. 허만 멜빌, 『백경』, 현영민 옮김, 신원문화사, 2005.

27. 조셉 콘래드, 『어둠의 속』, 나영균 옮김, 문예출판사, 2006.

28. 귀스타브 플로베르, 『보바리 부인』, 민희식 옮김, 신원문화사, 2005.

29. 루이스 캐럴, 『이상한 나라 앨리스』, 최인자 옮김, 북폴리오, 2005.

30. 마르셀 프루스트, 『잃어버린 시간을 찾아서: 스완네 집 쪽으로』, 정재곤 옮김, 열화당, 1999.

31. 제임스 조이스, 『더블린 시민』, 김병철 옮김, 문예출판사, 1999.

32. 헤르만 헤세, 『황야의 이리』, 김누리 옮김, 민음사, 2002.

33. 토마스 만, 『마의 산』, 곽복록 옮김, 신원문화사, 2006.

34. 존 스타인벡, 『분노의 포도』, 전형기 옮김, 범우사, 1998.

35. 니코스 카잔차키스, 『희랍인 조르바』, 박석기 옮김, 민족문화사, 2000.

그야말로 군말이 필요 없음을 잘 알고 있으나 리스트라는 것이 무한히 상상을 부추기기에 불필요한 설명을 덧붙이는 점을 용서해 주기 바랍니다.

베르길리우스와 오비디우스는 호메로스나 소포클레스에 비해 동양에는 그다지 잘 알려지지 않은 것 같습니다. 하지만 우리가 이야기하는 서구문화를 대략 2,500년이라고 잠정적으로 생각했을 경우 일관되게 가장 많이 읽혔던 시인이 누구냐고 묻는다면 이 로마 문예의 쌍벽을 두고는 아무도 없습니다. 중세에 시작된 서구의 기독교화 이후 이교도의 산물로 전락했는데도 베르길리우스와 오비디우스는 교양서로서 문화의 주춧돌 기능을 다해 왔습니다. 당연히 르네상스기에는 한층 더 주목을 받아 속어문예(俗語文藝)의 본보기로 추앙되었습니다. 그들의 그림자가 다소 옅어졌다고 한다면 그것은 겨우 제2차 세계대전 이후부터라고 할 수 있겠습니다.

아우구스티누스와 보에티우스에 대해서도 한마디 해둘 필요가 있습니다. 전자의 『고백록』은 이전부터 유명했지만, 아마도 후자를 알고 있는 사람은 소수일 것입니다. 5세기 말 이탈리아를 정복한 동고트 왕국의 국왕 테오도릭은 라벤나에 수도를 건설했습니다. 보에티우스(480?~524)는 왕에게 배속된 정무관직으로서는 최고 지위에까지 올라갔으나 어떤 이유로 인해 실각하고 사형 판결을 받았습니다. 『철학의 위안』은 사형 집행을 기다리는 동안 쓰였다고 전해집니다. 꿈에 나타난 여신인 '철학'과 자신이 나눈 대화 형식의 비전(vision)에서, 진정으로 영원한 존재인 신(神)의 세계의 진실을 보여주며 이 세상의 운명과 흥망성쇠의 무의미를 설파합니다. 이 우주적 비전이라는 결구(結構)는 중세·르네상스인의 취미에 잘 들어맞았고 근대 이전에는 절대적인 영향력을 가졌습니다. 근대의 '자전적 고백' 문학을 누구보다 먼저 실천한 아우구스티누스와 함께 서구 중세기의 이른바 '정신(精神)문학'의 쌍벽이라고 말할 수 있습니다.

로망스어권

피에로 보이타니(Piero Boitani, 로마대학교 교수. 1947년생. 비교문학 전공)

1. 호메로스, 『일리아스』, 『오딧세이아』
2. 『성서』(특히, 「창세기」, 「출애굽기」, 「열왕기」, 「예언서」, 「욥기」, 「시편」, 「전도서」, 「아가」, 「복음서」, 「묵시록」)
3. 아이스킬로스, 『아이스킬로스 그리스 비극』, 김혜니 옮김, 타임기획, 1999.
4. 소포클레스, 『오이디푸스왕』, 『콜로노스의 오이디푸스』, 김성환 옮김, 동인, 2002.
5. 에우리피데스, 「박코스의 여신도들」, 『에우리피데스 비극』, 천병희 옮김, 단국대학교 출판부, 1999.
6. Pindar, Snell Bruno edited, *Pindari Carmina Cum Fragmentis*, Leipzig, 1959~1964.
7. 베르길리우스, 『아에네이스』
8. 오비디우스, 『원전으로 읽는 변신 이야기』
9. Horace, *Horace: The Odes and Epodes*, Harvard University Press, 1988.
10. 『코란』, 이슬람국제출판국, 1988.
11. 단테, 『신곡』
12. 제프리 초서, 『캔터베리 이야기(개정판)』, 송병선 옮김, 책이 있는 마을, 2003.
13. 프란체스코 페트라르카, 『칸초니에레』, 김효신 외 옮김, 민음사, 2004.
14. Ludovico Ariosto, *Orlando Furioso*, Oxford University Press, 1999.
15. Tasso Torquato, *The Jerusalem Delivered of Torquato Tasso*, G. Bell, 1913.
16. 라신, 『라신의 희곡』, 정병희 외 옮김, 서울대학교 출판부, 1999.
17. Molière, *Plays from Moliere*, Routledge, 1883.
18. 몽테뉴, 『몽테뉴의 에세이』
19. 세익스피어

20. 밀턴,『실락원』, 이경애 옮김, 일신서적 출판사, 2003.

21. 파스칼,『팡세』, 이환 옮김, 민음사, 2003.

22. 세르반테스,『돈키호테』

23. 괴테,『파우스트』, 이인웅 옮김, 문학동네, 2006.

24. Hölderlin Friedrich, *Aber was ist diß? : Formen und Funktionen der Frage in Hölderlins dichterischem Werk / von Sabine Doering*, Vandenhoeck & Ruprecht, 1991.

25. 존 기츠,『키츠의 아름다운 세상』, 김진규 옮김, 경남대학교 출판부, 2000.

26. 보들레르,『악의 꽃』, 윤영애 옮김, 문학과 지성사, 2005.

27. 톨스토이,『전쟁과 평화』, 박형규 옮김, 인디북, 2006.

28. 도스토예프스키,『까라마조프씨네 형제들』

29. 디킨즈,『위대한 유산』, 김태희 옮김, 혜원출판사, 2005.

30. 빅토르 위고,『레미제라블』, 송면 옮김, 동서문화사, 2002.

31. 스탕달,『적과 흑』, 이동렬 옮김, 민음사, 2004.

32. Eliot George, edited by David Carroll *Middle March*, Clarendon Press, 1986.

33. 알렉산드로 만초니,『약혼자들』, 김효정 옮김, 문학과 지성사, 2004.

34. Leopardi Giacomo, *Canti*, Nuova Fonit Cetra, 1995.

35. 엘리엇,『T. S. 엘리엇 시』, 한국 T. S. 엘리엇학회 편, 동인, 2006.

36. Valéry Paul, *Poétique et Poésie*, Gallimard, 1975.

37. 릴케,『두이노의 비가』, 이정순 옮김, 현암사, 2006.

38. 제임스 조이스,『율리시즈』, 김종건 옮김, 범우사, 1997.

39. 토마스 만,『요셉과 그 형제들』, 장지연 옮김, 살림, 2001.

40. 프란츠 카프카,『카프카 서설 전집』, 이동주 옮김, 솔, 2006.

41. 마르셀 프루스트,『잃어버린 시간을 찾아서』

지올코프스키가 추천해 준 리스트와는 수적으로 약간 차이가 있지만 전체의 방향성에서는 거의 중복된다고 볼 수 있습니다. 보이타니의 리스트에서 주목되는 책은『코란』인데, 영미와는 달리 이슬람 세계와 맞닿아 있는 지리적 인접성 때문으로 이해할 수 있습니다. 아리오스토, 타소, 만초니, 레오파르디의 작품은 국민문화를

넘어서 찬란하게 빛나는 동시에, 강력하게 이어져온 이탈리아의
문화전통을 느끼기에 충분합니다.

중국어권

천라이(陳來, 베이징대학교 교수. 1952년생. 중국철학 및 철학사 전공)

중국문화 명저

1. 『논어집주』, 성백효 역주, 전통문화연구회, 2006.
2. 『맹자집주』, 성백효 역주, 전통문화연구회, 2005.
3. 『노자』, 임헌규 역주, 책세상, 2005.
4. 『장자』, 안동림 역주, 현암사, 1998.
5. 『손자병법』, 편집부 역주, 범우사, 2004.
6. 『순자』, 김학주 역주, 을유문화사, 2001.
7. 『주역』, 성백효 역주, 전통문화연구회, 1998.
8. 『한비자』, 김원중 역주, 현암사, 2003.
9. 『춘추좌씨전』, 정태현 역주, 전통문화연구회, 2006.
10. 『사기본기』, 김원중 역주, 을유문화사, 2005.
11. 『육조단경』, 불광, 1991.
12. 『고존숙어록(古尊宿語錄)』
13. 『근사록집해』, 이광호 역주, 아카넷, 2004.
14. 『대학』,『중용』, 김학주 역주, 서울대학교 출판부, 2006.
15. 『전습록』, 김학주 역주, 명문당, 2005.
16. 『대동서』, 이성애 역주, 민음사, 1991.
17. 『천연론(天演論)』, 옌푸(嚴復) 옮김
18. 『시경선』, 김학주 역주, 명문당, 2003.
19. 『한위육조시선』, 기태완 역주, 보고사, 2005.
20. 『당시 삼백수 상역』, 편집부 역주, 남방출판사, 2003.
21. 『송시선주』, 이홍진 역주, 형설출판사, 1989.
22. 『당송사 풍격론』, 이종진 역주, 신아사, 1994.
23. 『고문관지』, 이제원 역주, 지영사, 1998.
24. 『삼국지연의』, 김구용 옮김, 솔, 2003.
25. 『서유기』, 연변인민출판사 번역팀 옮김, 현암사, 2004.
26. 『수호전』, 연변인민출판사 번역팀 옮김, 한국문화사, 1997.
27. 『홍루몽』, 편집부 옮김, 연묵, 2004.

세계문화 명저

1. 『성서』
2. 플라톤, 『국가』, 박종현 옮김, 서광사, 2005.
3. 아리스토텔레스, 『니코마코스 윤리학』, 홍석영 옮김, 풀빛, 2005.
4. 아우구스티누스, 『고백록』
5. 존 로크, 『인간지성론』, 한상범 옮김, 대양서적, 1972.
6. 프랜시스 베이컨, 『신기관』, 진석용 옮김, 한길사, 2001.
7. 몽테스키외, 『법의 정신』, 권미영 옮김, 일신서적 출판사, 1992.
8. 장자크 루소, 『사회계약론』, 정영하 옮김, 산수야, 2005.
9. 홉스, 『리바이어던』, 이정직 옮김, 박영사, 2002.
10. 임마누엘 칸트, 『실천이성비판』, 백종현 옮김, 아카넷, 2002.
11. 헤겔, 『정신현상학』, 임석진 옮김, 한길사, 2005.
12. 칼 마르크스·프리드리히 엥겔스, 『공산당 선언』, 남상일 옮김, 백산서당, 1989.
13. 엥겔스, 『가족 사유재산 국가의 기원』, 김대웅 옮김, 아침, 1989.
14. 찰스 다윈, 『종의 기원』, 신원문화사, 2006.
15. 프로이트, 『프로이트 전집』, 열린책들, 2004.
16. 니체, 『비극의 탄생』, 성동호 옮김, 홍신문화사, 1989.
17. 막스 베버, 『프로테스탄티즘의 윤리와 자본주의 정신』, 박성수 옮김, 문예출판사, 1996.
18. 롤스, 『정의론』, 황경식 옮김, 이학사, 2003.
19. 『코란』
20. 호메로스, 『일리아스』, 『오딧세이아』
21. 무라사키 시키부, 『겐지 모노가타리』, 전용신 옮김, 나남, 1999.
22. 단테, 『신곡』
23. 세익스피어, 『햄릿』, 최종철 옮김, 민음사, 1998.
24. 세르반테스, 『돈키호테』
25. 괴테, 『파우스트』
26. 빅토르 위고, 『레미제라블』
27. 샬로트 브론테, 『제인 에어』, 민음사, 2004.
28. 스탕달, 『적과 흑』
29. 톨스토이, 『부활』, 박형규 옮김, 민음사, 2003.
30. 도스토예프스키, 『죄와 벌』, 홍대화 옮김, 열린책들, 2002.

천라이는 중국과 그 외 나라의 문화를 나누어서 리스트를 작성
해 주었습니다. 필자가 중국문물에 대해 무지하기 때문에, 경외하
는 동료인 나카지마 다카히로에게 코멘트를 부탁했습니다. 천라이
를 소개해 준 것도 나카지마입니다. 물론 천라이를 선별자로 선정
한 것은 어디까지나 나의 판단이며, 천라이에 대한 신뢰는 전적으
로 나카지마에 대한 전폭적인 신뢰와 존경에서 기인합니다. 물론
모든 최종 책임은 내게 있습니다.

● 천라이를 추천하면서

중국에서는 예로부터 학문의 분류에 많은 열정을 쏟아 왔지요.
경사자집(経史子集)의 4부 분류가 대표적인 것인데 지금도 한적(漢
籍)은 이 순서대로 서가에 배치하고 있습니다. 그러나 그것은 단순
히 도서 분류를 위해 행해졌던 것은 아닙니다. 이 세계를 어떻게
파악하고 어떠한 원리로 분리하며 어떤 장르 속에서 이해하는가
하는 세계관과 관련이 있습니다. 학문의 분류는 그 문화의 근본적
인 자세를 규정하는 것입니다. 그것을 고정화할 수 있다고 믿을
때, 인간은 어떤 문화의 고유성을 이야기하며 안심하려고 합니다.
그러나 그 분류 자체가 역사적으로 만들어졌으며, 곰곰이 생각해
보면 분류 속에 감춰진 부정합(不整合)이나 분류에서 탈락해 버린
것이 있음을 염려하지 않을 수 없습니다. 그리고 무엇보다도 다른
분류 원리를 가진 다른 문화와 접촉했을 때 인간은 다른 분류의 가
능성에 봉착합니다. 이렇듯 '문화는 복수(複數)'라는 사실을 깨닫
게 되는데, 그것은 복수의 문화를 곁눈질하는 방관적 입장에 서는
것이 아닙니다. 하나의 문화에 속하면서도, 그것이 결코 스스로를
폐쇄하지 않고 새로운 것, 다른 것에 열려 있으면서 끊임없이 변용

해 가는 과정을 몸소 경험하는 것입니다.

천라이의 리스트가 흥미로운 것은 이러한 학문의 분류와 문화의 복수성에 대한 감수성을 보여주기 때문입니다. 교양이라는 것은 어떤 특정 문화에 자신을 등록시키는 것도, 여러 문화의 에센스를 소비하는 것도 아닙니다. 그것은 문화와 그 복수성(複數性)에 대한 감수성의 이상적 형태며, 신체적 변용의 경험 그 자체입니다. 번거 롭게도 인간은 그 감수성을 타자의 감수성을 통해서만 획득할 수 있습니다. 천라이의 리스트는 그러한 감수성의 획득에 훌륭한 범 례며, 중국에서의 교양의 참모습을 보여주고도 남음과 동시에 우 리를 근본적인 변용으로 유인하고 있습니다.

리스트의 첫머리에 등장하는 책은 『논어』와 『맹자』입니다. 두 책 모두 잘 알려져 있지만, 이 책들이 'canon(經書)'으로 간주된 것 은 주희(朱熹) 이후의 일입니다. 주희는 이전까지의 학문 편성을 근본부터 새로 구성해 중국문화를 다시 정의하려고 했습니다. 왜 냐하면 지금의 분류에서 말하는 문학, 철학, 정치, 미학, 종교에 관 한 언설(言說)이 당대(唐代)에서 송대(宋代)를 거쳐 이미 크게 변용 되고 있었으며, 덧붙여서 불교라는 다른 원리를 가진 문화에 대항 하는 것이 중요한 문제였기 때문입니다. 여기에서 주희는 스스로 새로운 해석 체계와 새로운 언설 형식을 발명해 갔습니다. 그것을 구체화한 책이 『근사록(近思錄)』이며 『사서장구집주(四書章句集 注)』였지요. 왕양명의 『전습록(傳習錄)』도 그 연장선에 있습니다. 이 선정은 주자학자로서 출발한 천라이의 면목에 어울리는 대목입 니다.

한편 천라이는 불교에 대해서도 빈틈없이 살피기를 잊지 않습니 다. 여기에서는 『단경(壇經)』과 『고존숙어록(古尊宿語錄)』을 들고 있습니다.『단경』은 견성성불(見性成佛)을 주장한, 돈오선(頓悟禪)이라고 불리는 남종선(南宗禪)의 근본 교전(敎典)입니다. 그것은 종래 육조 혜능(六祖 慧能)의 설법을 제자인 법해(法海)가 기록해서 모았다고 알려져 왔습니다. 그러나 런던과 파리에서 돈황본(敦煌本)을 조사한 호적(胡適)은, 그것을 법해가 아닌 혜능의 다른 제자 하택신회(荷澤神會)의 작품이라고 단정해서 큰 논쟁을 불러일으켰습니다. 일본에서도 스즈키 다이세스(鈴木大拙)가 그 상세한 연구를 했는데, 그 후 논쟁은 작자 문제를 넘어서 '선(禪)이란 무엇인가', '선과 역사의 관계는 무엇인가' 라는 두 문제의 논쟁으로 귀착되어 갔습니다. 즉 이것은 단순한 당대(唐代)의 선에 관한 문헌이라는 의미 이상으로, 근대 불교에 대한 문제의식을 검토하는 데 있어 중요한 책입니다.『고존숙어록』역시 선에 대한 책으로 송대(宋代)의 이장주(頤藏主)가 선종의 고승 '존숙(尊宿)' 의 어록을 모아서 만든『고존숙어요(古尊宿語要)』를 기초로 하여, 보다 많은 어록을 추가하여 명대(明代)에 새롭게 편찬한 것입니다.

중국문화에서 불교에 비견할 만큼 큰 충격은 말할 것도 없이 근대 서양과의 만남입니다. 그 중에서도 토머스 헉슬리의『진화와 논리』를 번역한 옌푸(嚴復)의『천연론(天演論)』은 19세기 말 중국사회를 뒤흔들었습니다. 이 책은 헉슬리의 원래 의미와는 달리 스펜서적인 사회진화론의 가혹함을 강조한 것으로, 이대로는 중국문화가 망해 버린다는 위기감을 사람들에게 각인시켰습니다. 이를 시대 배경으로 하여 캉유웨이(康有爲)를 중심으로 한 변법자강파는 구국을 주장했던 것입니다. 변법운동 자체는 정치적으로 실패로 끝났지만, 과거제도가 폐지되고 서양식의 학제와 학문 분류가 등장한 것은 그로부터 멀지 않습니다. 덧붙여 말하자면 캉유웨이는 『좌전(左傳)』의 권위를 물리치고 사회변혁의 가능성을 옹호한 『공양전(公羊傳)』을 높이 평가하였고, 자신이 쓴 『대동서(大同書)』에서 만민평등의 이상사회를 그린 인물입니다.

천라이가 골라준 '세계문화 명저' 리스트를 보면 근대 이후 중국의 학문이 어떤 장르와 작품에 주목하는지 알 수 있습니다. 그중 한 가지, 칸트의 『실천이성비판』에 대해 언급해 두고 싶습니다. 근대 중국의 철학은 한편으로 인식론과 형이상학의 영역에서 서양의 철학을 수용하면서, 중국사상을 이러한 방향으로 '순수철학화' 해 갔습니다. 그러나 다른 한편으로 중국사상은 항상 논리적·정치적인 실천과 관련지어져 왔다고 인식되었기에, 이 영역에서 서양철학을 능가하고 보완할 수 있다고 신뢰받았습니다. 그리고 그 초점의 하나가 『실천이성비판』이었습니다. 요컨대 순수이성과 실천이성이 연결하기 어려운 분할이라는 칸트적 한계를 넘어서, 실천이성을 관철함으로써 도덕적 주체를 가동시키고 순수이성을 그 속에 포함시키려고 한 것입니다. 이 책에는 근대 중국철학의 문제의식이 응축되어 있음을 눈치챌 수 있습니다.

마지막으로 문학작품에 대해 약간 언급해 두고자 합니다. 중국문학은 『시경(詩經)』이라는 기원을 끊임없이 참조하는 문학사관(文學史觀)을 유지해 왔습니다. 그런데 명대 이후 그 규범에 묶이지 않는 작품이 차례로 등장하였고, 출판기술의 발달과 함께 많은 독자를 획득해 갔습니다. 『삼국지연의』, 『서유기』, 『수호전』, 『홍루몽』이 바로 그것입니다. 그렇지만 이 작품들이 근대적인 '소설'로서 문학사의 중심에 자리잡기 위해서는 루쉰(魯迅)의 등장을 기다려만 했습니다. 그 루쉰이 투쟁하고 있었던 것은 당시 견고하게 문화를 지배하고 있었던 고문(古文)이었으며, 그것에 홀린 중국문화의 망령이었습니다. 따라서 '소설'이라는 새로운 문학 장르를 도입하는 것은 중국문화 그 자체를 변용시키는 일이었습니다.

그렇지만 비판의 대상이었던 고문도 역시 단순하지는 않습니다. 청대(淸代)에 중국의 대표적 고문을 모아서 교재로 만든『고문관지(古文觀止)』를 리스트에서 들고 있는데, 원래 고문은 당대(唐代)에는 전혀 새로운 문장의 원리를 주장한 것이었습니다. 모방을 금지하고 자신에게서 일어나는 문장이라는 그 이념은, 실은 근대문학과 기묘하게도 호응해 버립니다. 그러나 그것은 과도한 모방과 답습으로 쉽게 바뀌어 송대(宋代)의 과거에 편입됨으로써 중국문화를 체제화하는 장치가 되어버렸습니다. 덧붙여서 말하자면 앞서 설명한 옌푸는 동성파고문(桐城派古文)의 최후 용장입니다. 중국문화의 고유성에 자신을 바쳐온 고문은 다른 문화를 번역함으로써 스스로의 역할을 끝마쳤던 것입니다.

아무래도 군말이 지나쳤던 것 같네요. 아니면『장자』에 나오는 치언(厄言)과 같은 쓸데없는 사족이었을지도 모르겠습니다. 사마천은『사기』에서 '옛일을 기록하고 다가올 일을 생각한다'고 했는데, 미래의 독자를 더 이상 붙잡아두는 것은 쓸데없는 짓임을 깨닫고 이제는 다가올 일에 대해 생각하고 싶습니다.

—나카지마 다카히로

나열하는 순서에 의문을 품는 독자가 있을지도 모르겠지만 천라이의 경우는 리스트의 기준 자체를 검토해 보는 것 또한 그 나름의 재미가 있을 것입니다.

얼핏 보아도 알 수 있듯이 천라이의 리스트는 서양류로서 이른바 '문예문학'과 '철학사상' 양쪽에 걸쳐져 있습니다. 앞에서 거론한 서양의 리스트는 주로 문예문학 위주였으므로 균형을 맞추기 위해 철학자와 사상가를 등장시킬 필요가 있을 것 같습니다. 영어권과 로망스어권에서 이 분야의 대표자에게 마찬가지로 리스트를 부탁했습니다.

영어권

리처드 로티(Richard Rorty, 스탠퍼드대학교 명예교수. 1931년생. 철학 전공)

1. 호메로스, 『일리아스』
2. 『구약성서』(「창세기」, 「출애굽기」, 「시편」, 「잠언」)
3. 투키디데스, 『펠로폰네소스 전쟁사』, 박광순 옮김, 범우사, 2001.
4. 소포클레스, 『오이디푸스왕』, 『콜로노스의 오이디푸스』
   『오이디푸스 왕 / 안티고네』, 천병희 옮김, 문예출판사, 2006.
5. 플라톤, 『소크라테스의 변명』, 원창화 옮김, 홍신문화사, 2006.
   『향연 파이돈 니코마코스 윤리학』, 최명관 옮김, 을유문화사, 1994:
   『프로타고라스/ 메논』, 최호연 옮김, 두로, 1997.
   『향연』, 『국가』
6. 아리스토텔레스, 『니코마코스 윤리학』
7. 카툴루스, 『세계의 명시』, 김희보 옮김, 가람기획, 2003.
8. 『신약성서』(특히 사복음서 및 바울의 서신)
9. 아우구스티누스, 『신국론』, 성염 옮김, 분도출판사, 2004.
10. 피코 델라 미란돌라, 『피코 델라 미란돌라』, 성염 옮김, 철학과 현실사, 1996.
11. 단테, 『신곡』
12. 갈릴레오 갈릴레이, 『새로운 두 과학』, 이무현 옮김, 민음사, 1996.
13. 셰익스피어, 『햄릿』, 『리어왕』, 『오셀로』, 『줄리어스 시저』, 『태풍』, 『소네트』
14. 홉스, 『리바이어던』
15. 데카르트, 『성찰』, 이현복 옮김, 문예출판사, 1997.
    『방법서설』, 김진욱 옮김, 범우사, 2002.
16. Molière, *Euvres complètes de Molière*, G. Olms, 2006.
17. 데이비드 흄, 『자연종교에 관한 대화』, 탁석산 옮김, 울산대학교 출판부, 1998.

18. 임마누엘 칸트, 『도덕형이상학을 위한 기초 놓기』, 이원봉 옮김, 책세상, 2002.

19. 헤겔, 『역사철학 강의』, 김종호 옮김, 삼성출판사, 1992.

20. 괴테, 『파우스트』

21. 셸리, 『시의 변호』, 윤종혁 옮김, 새문사, 1978.

22. Wollstonecraft, Mary *A Vindication of the Rights of Woman*, Routledge, 2002.

23. 발자크, 『고리오 영감』, 박영근 옮김, 민음사, 1999.

24. 디킨즈, 『어려운 시절』, 장남수 옮김, 푸른산, 2003.

25. 엘리엇, 『T. S. 엘리엇 시』

26. 보들레르, 『악의 꽃』

27. 멜빌, 『백경』

28. 키에르케고르, 『철학적 조각들』, 황필호 옮김, 집문당, 1998.

29. 존 스튜어트 밀, 『공리주의』, 이을상 옮김, 이문출판사, 2002.
    『자유론』, 서병훈 옮김, 책세상, 2006.
    『여성의 종속』, 서병훈 옮김, 책세상, 2006.

30. 마크 트웨인, 『허클베리 핀의 모험』

31. 체호프, 『체호프 희곡전집』, 이주영 옮김, 연극과 인간, 2002.

32. 도스토예프스키, 『까라마조프씨네 형제들』

33. 다윈, 『종의 기원』

34. James William, *Pragmatism*, Harvard University Press, 1978.

35. 니체, 『우상의 황혼』, 백승영 옮김, 책세상, 2005.
    『즐거운 지식』, 안성찬 옮김, 책세상, 2005.

36. 디어도어 드라이저, 『시스터 캐리』, 전형기 옮김, 범우사, 1998.

37. 프로이트, 『정신분석입문』, 이승재 옮김, 민성사, 2001.

38. 마르셀 프루스트, 『잃어버린 시간을 찾아서』

39. 헉슬리, 『멋진 신세계』, 이덕형 옮김, 문예출판사, 1998.

40. 조지 오웰, 『1984』, 정희성 옮김, 민음사, 2003.

데카르트를 필두로 해서 투키디데스, 발자크, 키에르케고르, 밀은 당연히 들어야 할 이름이라 할 수 있습니다. 울스턴크래프트 역시 '그럼 그렇지!'라고 동감하게 되는데 특히 정평있는 실력자는 카툴루스입니다. 교양은 폭과 깊이도 중요하지만 이에 더하여 멋스러움도 필요하기 때문이지요. 카툴루스의 「로티」가 바로 그런 작품입니다.

로망스어권

마시모 캐처리(Massimo Cacciari, 밀라노 성 라파엘대학교 철학과 주임교수. 1944년생)

1. 호메로스, 『일리아스』, 『오딧세이아』
2. 아이스킬로스, 『아이스킬로스 그리스 비극』
   Aeschylus, *The Persians*, Penguin, 1968.
3. 소포클레스, 『안티고네』, 『오이디푸스왕』, 『콜로노스의 오이디푸스』
4. 투키디데스, 『펠로폰네소스 전쟁사』
5. 베르길리우스, 『아에네이스』
6. 아우구스티누스, 『고백록』, 『신국론』
7. 토마스 아퀴나스, 『신학대전』, 정의채 옮김, 바오로딸, 2003.
8. 단테, 『신곡』
9. 몽테뉴, 『수상록』
10. Bruno Giordano, *Von den Heroischen Leidenschaften*, F. Meiner, 1989.
11. 셰익스피어, 『햄릿』, 『태풍』
12. 세르반테스, 『돈키호테』
13. 데카르트, 『성찰』
14. 이매뉴얼 월러스틴, 『우리가 아는 세계의 종언』, 백승철 옮김, 창작과 비평사, 2001.
15. Hölderlin Friedrich, *Aber was ist diß? : Formen und Funktionen der Frage in Hölderlins dichterischem Werk / von Sabine Doering*.
16. 임마누엘 칸트, 『순수이성비판』, 백종현 옮김, 아카넷, 2006.
17. 헤겔, 『정신현상학』, 『법의 철학』, 도그마, 2003.
18. Leopardi Giacomo, Canti
19. 괴테, 『친화력』
20. 스탕달, 『적과 흑』
21. Tocqueville Alexis, *Democracy in America*, Library of America, 2004.
22. Schelling Friedrich, Wilhelm *Philosophie der Offenbarung*,

Suhrkamp, 1993.

23. 보들레르, 『악의 꽃』

24. 마르크스, 『자본론』, 김수행 옮김, 비봉출판사, 2005.

25. 니체, 『짜라투스트라는 이렇게 말했다』, 사순옥 옮김, 홍신문화사, 2006.

26. 프로이트, 『꿈의 해석』, 김인순 옮김, 열린책들, 2004.

27. 막스 베버, 『경제와 사회』, 박성환 옮김, 문학과 지성사, 2003.
    『지배의 사회학』, 도그마, 2003.
    『막스 베버 사상 선집』, 나남출판, 2002.

28. 하이데거, 『존재와 시간』, 이기상 옮김, 살림, 2006.

29. 카프카, 『성』, 김정진 옮김, 신원문화사, 2006.
    『심판』, 이덕중 옮김, 홍신문화사, 2004.

30. Musil Robert, *Der Mann ohne Eigenschaften*, Rowohlt, 1978.

31. 제임스 조이스, 『율리시즈』

32. 자크 데리다, 『그라마톨로지에 관하여』, 김웅권 옮김, 동문선, 2004.

33. 미셸 푸코, 『말과 사물: 인문과학의 고고학』, 이광래 옮김, 민음사, 1987.

아마 언제 나오나 하고 기다렸다는 말을 무심결에 하고 마는 것이 바로 위고를 비롯하여, 하이데거, 데리다, 푸코였지 않을까요?

돌이켜 리스트를 다시 살펴보면 서양문화의 균질성에 다시 한번 놀라지 않을 수 없습니다. 보다 정확히 말하면 근대유럽이 만들어낸 문화전통의 어떤 종류의 균질성에 우리들은 경탄합니다. 이 균질성을 유지해온 강도(強度)는 다른 관점에서 보면 이른바 '유럽 중심주의'와 일맥상통하며, 따라서 그것을 강렬히 비판하는 '오리엔탈리즘'이나 '포스트 콜로니즘' 또는 '폴리티컬 콜렉터'의 표적이 됩니다. 이런 의미에서는 페미니즘도 마찬가지며, 그 기본원리인 문화다원주의에 반대할 생각은 추호도 없습니다.

중요한 것은 나카지마 다카히로가 훌륭하게 인용해 준 것처럼 '옛일을 기록하고 다가올 일을 생각하는' 것입니다. 지난날을 기록하는 것 자체를 우선 부인하는 듯한 문화다원주의는 받아들일수 없습니다. 또한 그저 지난날을 '기록'하는 것에 만족하는 교양도 필요 없습니다. 제2차 세계대전 중에 잔인무도한 행위를 아무렇지도 않게 자행했던 사람들 중에 익숙하게 지난날을 기록하는 교양인이 없었던 게 아닙니다. 또한 그것은 독일이나 일본에 국한된 사실이 아닙니다. 따라서 '다가올 일을 생각하는' 것이 중요합니다. 세계와 미래를 위해 앞에서 기술한 리스트를 부디 활용해 주기 바랍니다.

2명 이상에게 추천받은 책

☆☆☆☆☆
『신곡』, 『일리아스』
☆☆☆☆
『성서』, 『돈키호테』, 『오이디푸스왕』, 『오딧세이아』
☆☆☆
『고백』, 『아에네이스』, 『파우스트』, 『햄릿』, 『적과 흑』, 『콜로노스의 오이디푸스』, 『까라마조프네 형제들』, 『잃어버린 시간을 찾아서』, 『악의 꽃』, 『몽테뉴의 에세이』
☆☆
『코란』, 『아이스킬로스 그리스 비극』, 『신국론』, 『니코마코스 윤리학』, 『T. S. 엘리엇 시』, 『원전으로 읽는 변신이야기』, 『친화력』, 『태풍』, 『율리시즈』, 『안티고네』, 『종의 기원』, 『펠로폰네소스 전쟁사』, 『성찰』, 『허클베리핀의 모험』, 『향연』, 『국가』, 『정신현상학』, 『리바이어던』, 『백경』, 『레미제라블』, *Canti*

르 꼬르뷔제의 사고와 실천

가토 미치오(加藤道夫)

20세기를 대표하는 건축가 르 꼬르뷔제는, 합리적 이성으로 유지되는 기술과 합리성을 초월하는 예술적 감성이라는 대립 축을 어떻게 조정하고 작품화할까 하는 문제에 늘 직면하면서 다원적인 사고와 실천을 행한 인물입니다.

『건축을 향하여』는 그가 파리에서 건축가로 데뷔하기 직전에 자신이 편집하는 잡지에 발표한 논고를 정리한 것입니다. 이후 그는 이 책에서 제시한 다원적인 건축 구상을 작품화해 나갑니다. 『르 꼬르뷔제 전 작품집(全作品集)』과 함께 읽는다면 언어화된 건축이 어떻게 작품화되는지를 볼 수 있습니다. 또한 『전 작품집』은 테마나 작품을 펼쳐진 페이지로 이해할 수 있도록 텍스트, 사진, 도면을 구성하여, '미디어'로서의 서적의 새로운 형태를 제시합니다. 읽는다기보다는 바라봄에 의한 이해를 목표로 했다는 점에서도 평가하고 싶습니다.

마지막으로 『르 꼬르뷔제의 전 주택(全住宅)』을 권하고 싶습니다. 이 책은 실현되지 않은 프로젝트를 포함하여 르 꼬르뷔제의 모든 작품을 모형과 도면으로 소개한 것입니다. 실현되지 않은 작품은, 모형과 도면 모두 불완전한 형태로 남아 있습니다. 도면과 모형은 출판에 맞추어서 100명이 넘는 학생들이 새로 제작했습니다. 학생들이 출판에 참여한다는 관점에서 흥미로운 시도였습니다. 21세기는 다원적인 사고와 실천이 요구되는 시대입니다. 르 꼬르뷔제의 다원적 사고와 실천을 여러분이 참고하기를 바랍니다.

(도쿄대학 총합문화연구과 교수. 광역시스템과학 전공)

텔렘 사원에 어서 오세요!

이시다 히데타카(石田英敬)

당신은 텔렘 사원을 알고 있습니까? 프랑수아 라블레의 『제1서(書) 가르강튀아』의 마지막에 나오는 가공의 수도원 말입니다. '피크로콜 전쟁'이라는 대전쟁이 끝난 후 '정반대의 수도원'으로 세워졌던 텔렘에는 벽이 없습니다. 다른 곳과 달리 '어떠한 시계도, 해시계도 두지 않을 것'이 정해져 있었습니다. 거기에는 '미녀이자 몸매도 좋고 마음씨도 좋은 여성'과 '미남이자 멋지고 성격 좋은 남성' 밖에 들어가지 못합니다. '남자가 없으면 여자도 있을 수 없고, 여자가 없으면 남자도 있을 수 없다'라는 남녀 공동참가의 원칙도 정해져 있습니다. 텔렘의 생활은 법과 규칙에 의해 지배되는 것이 아니라 '자유의지(自由意志)'에 의해 영위되었으며, 사람들은 '좋을 때 일어나서 내키면 먹거나 마시거나 움직이거나 자거나' 했습니다. 거기에서의 규칙이란 다음의 한 항목뿐이었습니다. '당신이 원하는 것을 하시오.' 사람들은 훌륭한 교육을 받고 있었기 때문에 남자든 여자든 누구든 예외 없이 읽고 쓰는 것은 물론이고, 노래하고 악기를 능숙하게 연주할 수 있으며 5, 6개 외국어를 구사할 뿐만 아니라, 시가(詩歌)나 산문(散文)을 짓는 것도 훌륭하게 해낸다고 합니다. 이 얼마나 이상적인 학습 환경인가! 그러나 가르강튀아 이야기를 결말짓는 '수수께끼의 노래(이니그마)'가 암시하듯 이 학교는 불길한 전조에 휩싸이고 있는 것 같습니다. 나에게는 그것이 우리들 자신의 미래에 닥쳐올 불안감과 공명하는 듯한 느낌이 들어서 견딜 수 없었습니다.

(도쿄대학 정보학환(총합문화연구과 겸임) 교수. 미디어연구 전공)

chapter 2

교양, 책을 말하다

교양, 책을 말하다*

인간의 위치는 어디인가

고바야시: 대학이란 장(場)은 개별 전문지식을 단순히 가르칠 뿐만
아니라, 보다 종합적이고 포괄적으로 젊은이들이 인간으로서 자신
의 힘을 기르는 장, 즉 교양의 장이라고 한다면, (도쿄대학은 이것
을 가장 중요한 방침으로 내세우고 있지요.) 젊은이들이 책을 잘
읽지 않는 요즘 시대에 연구교육을 담당하는 사람으로서 학생들에
게 '책 읽는 즐거움' 혹은 '책의 재미'를 어떻게 전달할 수 있을까
하는 물음이 이 '책을 위한 책'의 기획 발상이었습니다.

실은 교양학부가 이것을 기획했을 때, 개인적으로 첫 느낌은 도
쿄대학 혹은 교양학부라는 이름으로 교양을 위한 책의 목록을 만
드는 것이 이상하지 않은가 하는 것이었습니다. 더 이상 그러한 교
양의 표준 목록 따위는 없다는 생각이 들었던 거죠.

하지만 동시에 집에 돌아가면, (제 딸도 대학생인데요.) '어떤

---

* 도쿄대학 교양학부가 2005년 1월 25일 개최한 좌담회, "교양과 책"의 논의를 정리한 내용.
참석자: 사토 가쓰히코(佐藤勝彦, 도쿄대학 이학계연구과 교수. 물리학 전공), 아사시마 마
코토(淺島誠, 도쿄대학 총합문화연구과 교수. 생명환경과학 전공), 기바타 요이치(木畑洋
一, 도쿄대학 총합문화연구과 교수. 국제사회과학 전공), 야마모토 야스시(山本泰, 도쿄대
학 총합문화연구과 교수. 국제사회과학 전공), 고바야시 야스오(小林康夫, 도쿄대학 총합문
화연구과 교수. 표상문화론 전공)

책을 읽으면 좋을지 리스트라도 좀 주세요'라는 말을 딸에게 듣곤 했습니다. 매일 방대한 자극과 정보에 노출되어 있으면서도 젊은 이들은 자신을 '형성'하기 위한 책을 원하고 있으며, 또한 이를 위한 적절한 조언이나 지침을 필요로 하고 있다는 사실을 실감하게 되었습니다.

필독서 리스트가 아니라, 각자가 자신의 교양을 형성하기 위한 실마리를 찾을 수 있도록 유인하거나 권유하는 몸짓 정도는 오히려 적극적으로 해나가야 하는 게 아닌가 하고 생각이 바뀌면서 이 편집 작업을 수락했습니다.

구체적으로 추천할 책을 고르는 작업 속에서, 우리가 저마다 생각하는 교양의 내실이 다르며 또한 그 사실에 대해 고민한 바를 그대로 전달하는 것이 중요하다고 느꼈습니다. 교양이란 것이 있다고 해도 그것은 나날이 변화해 가는 것입니다. 과연 지금 교양이란 무엇인가? 이런 부분부터 자유롭게 이야기해 주십시오.

아사시마: 교양을 정의하기는 어렵습니다. 하지만 개인적으로 말하자면, 자신이 지금까지 몰랐던 것을 깨닫게 해 주고 정신을 풍요롭게 해 주는, 그런 기초를 길러 나가는 일이라고 할까요. 그 기초를 자기 안에서 소화하여 풍성하게 넓혀 가는 일이라고 생각합니다. 즉 스스로를 풍요롭게 하는 일, 인간 자신을 알아 나가는 일이죠. 예를 들어 역사라고 했을 때 보통은 인간의 역사만을 거론하지만, 우리의 관점에서 보자면 생물의 역사도, 우주의 역사도 역사죠. 또한 사회의 역사도 있죠. 그런 거대한 역사 속에서 자신이 지금 어떤 위치에 있는지를 아는 일입니다.

작년 입학식에서 사사키(佐々木毅) 총장이 '도쿄대학에 입학한 여러분들에게 가장 요구되는 것은 무엇인가'라고 하면서 '자기

보다 뛰어난 사람과 만나는 일'이라고 했습니다. 곧 자신보다 뛰어
난 사람과 접하면 풍요로워질 수 있다는 뜻이죠. 향상되고자 하는
마음과 자율적인 정신이 생기는 겁니다. 최근에는 전문화 경향이
강해서 처음부터 좁은 길을 걸어 나가는 듯합니다. 하지만 젊었을
때는 보다 넓은 길을 가야 더 큰 가능성이 열린다고 생각합니다.

고바야시: 처음부터 우주 이야기가 나왔는데, 사토 선생님께서는
어떻게 생각하십니까?

사토: 교양이 무엇인가에 대해 그렇게 심각하게 생각해 본 적이
없습니다만, 아사시마 선생님께서 말씀하신 대로 인생을 풍요롭게
하는 지식이라고 봅니다. 기본은 자신을 알고 인간을 아는 일이겠
죠. 인간을 알기 위해서는 어두운 곳에 틀어박혀서는 아무리 생각
해도 안 되죠. 바깥세상이랄까, 넓게 보자면 우주는 어떤 식으로
존재하는지를 알며 그 속에서 인간의 위치를 알아 나가면서 풍요
로워지는 겁니다. 젊을 때는 누구나 고민하고 괴로워하는 일이 있
게 마련입니다. 솔직히 말해 나 자신도 대학생 때는 내가 왜 이렇
게 이기적인가, 왜 다른 사람과 잘 지내지 못하는가 하며 고민했습
니다. 악마도 아니고 착할 때도 있는데 왜 이렇게 마음대로 행동하
는지 고민했던 것이죠. 그래서 인간은 왜 그런 감정을 갖게 되는가
에 대해, 즉 인간의 마음의 기원이라든가 하는 것을 배우는 과정에
서 객관적으로 자신을 볼 수 있게 되었습니다. 그 후 자연스럽게
살아갈 수 있었던 것 같아요. 자신의 삶의 방식이 금방 바뀌는 것
은 아니지만, 역시 자연세계의 전체상을 아는 일, 인간을 아는 일
이 중요합니다.

사실 하세가와 도시카즈(長谷川壽一) 선생님의 열렬한 팬인데요,
그분은 진화심리학 전공으로 인간의 마음과 육체가 바로 생물의

진화 속에서 결정되어 왔다고 주장합니다. 저 또한 어떤 삶의 방식을 취해야 하는지는 인간 자신이 디자인할 수 있다고 생각합니다.

고바야시: 우주물리학의 사토 선생님과 생명과학의 아사시마 선생님에게 물리적 우주와 생명이라는 두 가지 거대한 스케일 속에서 인간의 위치를 묻는다는 이야기가 나왔습니다. 시야를 좁혀서 인간에게 접근해 보면 다음 문제는 역시 인간 고유의 스케일, 즉 역사가 되지 않을까요? 교양도 이 역사라는 인간적인 너무나도 인간적인 차원을 빼고는 사고할 수 없죠. 역사학자로서 기바타 선생님은 어떻게 생각하시는지요?

기바타: 그 질문에 답하기 전에 조금 전에 고바야시 선생님께서 이 기획에 약간 거부감이 있었다고 하셨는데, 저도 처음에는 '교양을 위한 독서 안내서'에 선뜻 동의할 수 없었습니다. 즉 뭔가 정해진 학문 분야(discipline)가 있고 그것을 위한 독서 안내서라면 납득이 가지만, '교양'을 위한 독서 안내서가 과연 가능한 걸까 하고 의아해했습니다. 그리고 독서 안내서 같은 것이 제시되어서, 이런 것을 읽으면 좋다는 말을 들었을 때, '네 알겠습니다' 하고 읽으면 그게 교양이 되는 걸까요.

고바야시: 교양(きょうよう: 교요)을 강요(きょうよう: 교요)하고 있죠. (웃음)

기바타: 네, 정말 그렇죠. 교과서로 제시된 책이 재미없는 것과 마찬가지로, 리스트를 제시하는 일이 과연 어떤 의미를 가질까요? 제 경험에 비춰 봤을 때도, 그것보다는 친구들에게 이런 책이 좋았다는 이야기를 듣고 읽지 않았어도 읽은 척한 다음, 집에 가서 몰래 읽는 것이 훨씬 좋았죠. 책과 씨름한다는 건 그런 일이 아닐까요. 다만 보통 여기저기에서 나오는 독서 안내서가 아니라 도쿄대

학 교양학부 사람들이 자기는 이런 것이 좋다고 생각하는 책을 제시하는 일은 재미있을 거라는 생각은 했습니다.

만약 제가 '교양이란 무엇이냐?'라는 질문을 받는다면 '자신의 위치를 어디에서 찾아내느냐'에 대한 실마리가 교양'이라고 답하겠습니다. 살아있는 한 사람의 인간으로서 이 사회, 세계, 우주 속에, 또한 역사라는 시간적인 흐름 속에, 자신이 있을 곳을 정해 나가는 일이죠. 학생의 경우에는 자신이 하고 있는 학문을 스스로 어떤 곳으로 이끌어 나갈 것인가, 자신의 자리가 어디인지 인식하고 규정할 수 있는 실마리가 되는 것이 교양 아닐까요?

고바야시: 권위로 눌러서 이것을 읽으라고 명령하는 게 아니라, 뭐랄까 신나서 들뜬 기분으로 '이게 재미있으니까 읽어봐' 하는 마음이 있어야 합니다. 이런 마음이 없으면 이 기획은 성립하지 않으리라 생각하는데요, 이 책의 같은 편집자 입장에서 야마모토 선생님께서는 어떻게 생각하십니까?

야마모토: '도쿄대 학생생활실태조사'라는 것이 있습니다. 거기에 '어떤 고민을 하고 있는가'라는 항목이 있습니다. 우리가 학생때였던 1960년대나 1970년대에는 '인생의 의미'라든가 '자아의 확립'이란 말을 적었죠. 아마 우리는 그런 문화 속에서 책을 찾거나 책과 만나거나 했던 듯합니다. 그런데 지금 학생들의 고민은 취직이나 졸업이고, 이성관계보다는 오히려 친구관계를 더 고민하죠. 모두 생각하는 일들이 고만고만한 것뿐입니다. 도쿄대 학생인데도 취업 불안을 느끼거나, 학부 배정에 대한 불안이나 살아가는 일에 대한 불안을 가지고 있습니다. 이런 상황에서 학생들에게 그런 일 말고 교양을 가져야 한다고 해 봐야, '우리 미래를 생각하는 것만으로도 벅찹니다'라는 말이 돌아오겠죠. 그렇기 때문에 교양

은 보다 가까운 곳에 있는 것이라고 어떻게 설득할 수 있을지, 또한 지금의 젊은이들과 교양학부를 어떻게 연결시킬 수 있을지가 문제라고 봅니다.

잘 산다는 것은 과연 무엇인가

고바야시: 그렇게 문제제기를 하셨는데, 그 해답은 뭐라고 생각하십니까?

야마모토: 시민적 엘리트란 말이 도쿄대 헌장에 쓰여 있습니다. 엘리트라면 열심히 사는 것만으로는 불충분하며, 거기에 무언가 플러스가 없으면 안 된다는 뜻이겠죠. 잘 산다는 것은 주위 사람들을 행복하게 하고 스스로를 행복하게 하는 것이므로, 이를 위해 자신이 무언가를 달성해야 한다는 뜻이죠.

그러므로 교양이란 무엇이냐는 질문을 받았을 때, '당신이 잘 살아가려고 하는 일'이라고 자주 학생들에게 답하곤 합니다. 대학원생은 지하철 손잡이를 잡고 있을 때도 사고(思考)해야 합니다. 화장실에 앉아 있을 때도 자신이 존중받을 만한가를 고민하는 것이 대학원생이라는 것이죠. 학부생도 마찬가지입니다. 잘 살아가려 하고 있는가 하고 언제나 스스로를 되돌아보는 일이 중요하지요. 그리하여 '잘 산다는 것이 과연 무엇인가'라는 질문을 던졌을 때 여러 가지 책과 만나게 됩니다. 간디라든가 쿤데라를 만나게 된다는 말이죠.

고바야시: '잘 산다는 것'은 의미로 환원할 수 있는 겁니까? 예를 들어 농부가 좋은 토마토를 만들어 좋은 농부로 살아간다는 것과 어떻게 다른 것이죠?

야마모토: 제가 언제나 겨울에 사곤 하는 시클라멘이 있습니다.

이것을 만든 사람은 매년 농림부장관상을 받는 분인데, 연간 300개 정도밖에 출하하지 않습니다. 물론 훌륭한 시클라멘이고 가격도 비싸죠. 하지만 그 사람이 얼마나 정열적으로 그 시클라멘을 만들었는지 느낄 수 있고, 또 얼마나 훌륭한지도 강렬하게 전달됩니다. 꽃가게 주인도 이 시클라멘이 왜 훌륭한지 충분히 설명할 수 있죠. 그 시클라멘을 만든 사람도 훌륭한 시클라멘이란 무엇인가에 대해 생각하고 만들고 있죠. 그것이 그 사람 삶의 방식이고 존경받을 수 있는 부분이라고 생각합니다. 그것은 의미라기보다 사람을 끌어당기는 힘 같은 것이 아닐까요.

고바야시: 하지만 그런 힘은 원래 있었다기보다는 시클라멘처럼 자기 스스로를 육성하고자 결심하느냐 결심하지 않느냐에 달려 있다고 봅니다. 단순히 주어진 상태로 살지는 않겠다는 거죠. 교양이란 원래 정신의 형성이니까, 말 그대로 컬처(culture)인 셈입니다. 스스로를 일굴 마음이 있느냐, 일궈서 좋은 자신을 길러내느냐, 이런 문제겠죠.

야마모토: 그 분은 자신이 납득할 수 있는 꽃, 사람들에게 기쁨을 줄 수 있는 꽃을 만들고 싶었다고 합니다. 그러기 위해서는 우선 스스로가 시클라멘을 누구보다 사랑하지 않으면 안 되었기에 자신과 시클라멘의 관계를 심화시켜 나갔습니다. 이건 인간관계도 마찬가지죠. 타자와의 관계를 심화시키기 위해서 어떻게 해야 되는지, 또한 그 이전에 관계를 맺기 위해서는 어떻게 해야 되는지, 이런 문제를 고민하는 것과 마찬가지입니다. 예를 들어 자신이 고령자나 장애인과 어떻게 관계를 맺을 수 있을까 궁리하다 보면 나이가 든다는 것에 대한 생각을 심화시키게 되는 거죠. 자신을 여는 겁니다. 그런 작업 속에 교양이 있다고 생각합니다.

고바야시: 잘 산다는 것은 자신을 잘 가꾸어 나가겠다는 의지를 갖는 겁니다. 자신을 완성시킨다든가, 조금이라도 향상시킨다든가, 그런 힘이 인간에게 있다는 것이 실은 자유라고 생각합니다. 자유가 없다면 교양도 아마 필요없겠죠. '교양'이란 개념이 생겨난 것은 아마도 봉건제가 해체되어 한 사람 한 사람의 개인이 '자유롭게' 사는 일이 허용되면서부터일 겁니다. 그 자유를 보다 잘 사는 데 활용하라는 것이죠. 이것이 교양의 근원입니다.

하지만 동시에 맨 처음 말씀하셨던 것처럼 지금 학생들은 자신이 자유롭다고 느끼지 못할지도 모릅니다. 자유라기보다도 우선 이미 주어진 경로 중 어디로 들어갈 것이냐가 가장 중요한 생존경쟁의 관심사가 되어버린 셈이죠. 그래서 '보다 나은' 같은 개념은 문제가 되지 않는 겁니다. 어디를 어떻게 파고 들어가 살아남을 수 있을까를 생존의 전부라고 생각하는 학생에게 어떻게 대답할 수 있을까요?

야마모토: 좀 전에 아사시마 선생님께서 사사키 총장의 이야기를 하셨는데, 자기보다 뛰어난 사람을 만나서 놀라는 경우가 있죠. 그 사람에게 빠져든다고나 할까요. 나에게는 무언가가 더 필요하다는 그러한 충격을 받는 데에서 교양이 시작됩니다. 대학은 사람과 사람이 만나는 장소이자 자신을 자극하는 그 무엇과 만나는 곳입니다. 그런 만남은 이러닝(e-learning)으로 대치될 수 없는 것이죠.

기바타: 보다 잘 살기 위해서는 역시 보다 잘 살겠다는 기본적인 자세가 있어야만 합니다. 고바야시 선생님이 자유라고 했는데, 지금 학생들 사이에는 예를 들어 취업하거나 일정한 직업을 가지지 않은 채 프리터(freeter, 영어 'free'와 독일어 'arbeit'에 영어 'er'

을 붙인 신조어. 프리랜서 아르바이트의 약칭으로 정규직에 취직하고 않고 아르바이트를 하면서 생활하는 사람을 가리킨다. 옮긴이)라든가, 최근에는 니트(NEET, Not in Employment, Education or Training의 약어로서 취업, 취학, 직업훈련의 어느 것도 하고 있지 않은 사람을 의미하는데, 일을 한다는 사회참가 의욕을 상실하거나 빼앗겨버린 이들로, 일본에서 사회문제가 되고 있다. 옮긴이)도 늘어나고 있죠. 그들은 얼핏 보면 자유로운 듯하지만 사실 자유로운 게 아니라 거기에 스스로를 가둬두려는 경향이 있죠. 또한 자유란 반드시 보다 잘 사는 일과 연결된다기보다는, 어디까지 자신의 가능성을 추구하느냐의 문제라고 생각합니다. 가능성을 추구해 나가기 위해서는 가능성이 보이지 않으면 안 되죠. 자신이 가지고 있는 틀이라든가 세계가 상대화되고, 그 밖에도 어떤 가능성이 있는 것이 생겨나느냐 아니냐의 문제인 겁니다. 교양을 말할 때 이 부분이 중요하다고 생각합니다. 잘 산다는 표현도 중요하지만 문제는 그 알맹이가 아닐까 합니다.

고바야시: 그 경우 어떤 모델 같은 것이 필요한 걸까요? 즉 모델이 있고 그것과 비교해서 '나는 잘 살고 있지 못하다', 이런 식이 되는 걸까요? 아니면 모델 없이도 자발적으로 잘 산다는 것을 생각할 수 있을지 모르겠네요.

타자와의 커뮤니케이션

아사시마: 저는 이전에 독일의 한 대학에서 근무했는데, 거기에서는 주말이 되면 동료들이 모여서 이야기를 나눕니다. 제 전공은 생명과학이지만, 일본문화란 무엇인가, 신도(神道)와 불교(佛敎)는 어떻게 다른가, 미시마 유키오(三島由紀夫)의 문학은 어떻고 가

와바타 야스나리(川端康成)는 어떤가 등의 다양한 질문이 나옵니다. 그들은 호기심이 대단히 많습니다. 그때 그 질문에 답하지 못하면 정체성이 위태롭습니다. 전공 외에도 지식을 넓혀 가야 그들과 대화할 수 있는 것이죠. 이른바 교양이 없으면 그들과의 대화가 성립되지 않는다는 것을 심히 통감했습니다. 예를 들어 무사도(武士道)란 무엇인가, 하가쿠레(葉隱れ)란 무엇인가 등의 질문을 자주 받곤 했습니다. 저도 하가쿠레 정도는 알고 있어서, 그것은 사가(佐賀) 지역의 이러이러한 것이라고 답하면, 그러면 어디에서 비롯된 것이냐 하면서 계속 질문을 해댑니다. 그럴 때 그들이 정말 알고 싶어하는 것을 우리가 전달할 수 있느냐가 중요합니다. 이것은 생명과학과는 관계없지만, 이런 대화를 통해서 비로소 그들과 대등하게 사귈 수 있습니다. 반대로 하이데거, 오토 한, 바이제커 등 제 전공과 아무런 관계없는 분야에 대해 식견을 넓힐 수 있습니다. 거기서 진정한 의미로 소통할 수 있는 것이죠. 좋은 의미에서 커뮤니케이션의 소재를 서로 가져와서 심화시키는 일이 교양의 한 예라고 생각합니다.

고바야시: 야마모토 선생님 이야기는 우선 자신이 보다 잘 사는 일이 중요하다는 것이고, 아사시마 선생님 이야기는 그것이 동시에 타자와의 커뮤니케이션에 반영되어, 타자에게 자신이 어떻게 보이느냐, 어떻게 소통할 수 있느냐를 통해 교양이 생겨난다는 것이라고 할 수 있을까요? 사토 선생님 어떠신지요?

사토: 아사시마 선생님 이야기는 외국에 있으면 자주 실감하는 일입니다. 점심식사 시간에는 반드시 그룹이 형성됩니다. 물론 교양은 그런 대화의 도구라든가 사람과 대면할 때의 소재 이상의 문제이지만, 사람이 보다 잘 산다고 할 때 반드시 하나의 해답만 있

는 게 아니라는 사실을 타자와의 커뮤니케이션에서 깨달아 가는
것이 중요하다고 생각합니다. 저는 스스로가 그런 것을 균형 있게
디자인해 나가는 능력을 교양이라고 생각합니다. 삶의 방식에는
절대적으로 옳은 것 따위는 있을 수 없기 때문에, 각자 중요하다고
생각하는 바가 다양한 가운데 스스로의 삶의 방식이 자연스럽게
몸에 배면 존경받게 되는 것입니다. 인생경험이라는 말이 있듯이,
그 속에서 배우고 전체적인 균형을 디자인할 수 있어야겠죠.

　고바야시: '디자인'이란 말이 아주 재미있는 것 같습니다. 야마
모토 선생님의 말씀과 연결하면, '잘 산다'는 것은 자신을 디자인
할 수 있다는 뜻이 되겠죠. 무언가 하나의 해답이 있는 게 아니라,
나름대로 자신을 디자인함으로써 자유를 행사하는 힘이랄까요. 그
과정을 통해 스스로를 만들어 나가고 타자와 만납니다. 그런 힘을
교양의 힘이라고 생각하고 싶네요. 교양은 그런 식으로 자신을 형
성하는 힘이라고 말입니다. 이를 위해서는 우주나 생명이라는 흐
름 속에서 인간의 위치를 생각해야만 합니다. 지금까지의 이야기
는 이렇게 정리하겠습니다.

　자연과학과 교양: 우주

　고바야시: 다이쇼(大正) 천황이 통치한 시기(1912~1926)에 싹
터 1970년대까지 맥을 이어 온 '다이쇼 교양주의적'인 교양은 너
무나 근대적인 자의식(自意識)에 얽매인 것이었습니다. 여기서 말
하는 교양에는 자연과학 쪽의 지식이 포함되지 않았으며 모든 것
이 인간의식 중심으로 사고되었죠. 그 시대부터 지금까지 지적 영
역에는 대단히 커다란 변화가 있었습니다. 인간의 의식은 그다지
바뀌지 않았을지 모르지만 적어도 자연과학은 인간의 위치를 결정

적으로 밝혀주었죠. 그것은 충격적이기까지 했습니다. 21세기 교양의 과제 중 하나는 이 자연과학적인 식견을 어떻게 교양 안으로 도입해 나갈 것인가 하는 문제라고 봅니다. 자연과학을 전공하는 사람만이 자연과학을 공부하면 되는 걸까요? 과연 인문계에서도 통용될 만한 교양이라는 사고방식이 자연과학에도 있는 걸까요? 이 문제를 생각해 보고 싶습니다.

사토 선생님, 우주는 고대부터 철학자에게 수수께끼자 사고(思考)의 대상이었습니다. 하지만 현재는 철학자가 고민했던, 예를 들어 우주의 시작이라는 모순에 가득 찬 한계의 문제를 물리학자들이 다 풀어버린 것처럼 알려져 있습니다. 물론 이것은 어디에서 주워들은 것이지만, 특히 현재 물리학자들 사이에서는 도대체 이 우주가 '인간을 위해' 만들어졌느냐가 중요한 문제로 논의되고 있다고 들었습니다. 저는 이런 이야기를 들을 때, 우주가 단순히 자연과학의 대상이 아니라 인간에게 근원적인 의미의 공간이 되는 시대가 왔다고 느낍니다. 이 부분에 대해서 이야기해 주실 수 있습니까? 책을 소개하면서 말씀해 주시면 감사하겠습니다.

사토: '가치'라는 개념은 아직 자연과학에는 없습니다. 인간의 가치라든가, 그런 것은 없죠. 하지만 그 위치에 대해서 우리는 예전보다 잘 이해하게 되었습니다. 고바야시 선생님께서 지금 말씀하신 것은 인간원리의 우주론인데, 우리 물리학자들에게 이 세계는 어떤 것일까, 시간과 공간 속에서 우주는 어떤 구조를 갖고 있는가, 더 나아가 무엇이 시간인가, 무엇이 공간인가, 이런 물음이 중요합니다. 예전에 우리는 시공간이라는 것조차 몰랐습니다. 칸트의 시대에는 시간이나 공간이라는 것은 주어진 '아 프리오리 (a priori)' 한(선험적인) 틀이었으니까요.

그런데 시간과 공간과 물질은 모두 하나라는 사실을 알게 되었죠. 그 속에 세계가 있다고 하면 그것을 지배하는 법칙이란 또 무엇일까요? 여러 현상이 있을 때마다 법칙을 만들어내고 그 법칙을 보다 보편적으로 정리해 나가는 일이 물리학의 과제가 되었습니다. 궁극적으로 최후에는 하나의 통일이론을 만들어 그 법칙 아래 삼라만상을 모두 기술할 수 있는 근본이론이 있는 게 아닌가 하는 전망하에 앞으로 나아가고 있는 셈입니다. 그것은 예를 들어 어떤 종류의 방정식으로 풀 수 있을까 고민하는 정도입니다. 그 속에 어떤 수치, 정수(定數)가 있다고 하면, 그 정수가 한 종류냐 두 종류냐, 그리고 그것으로 이 세계를 기술할 수 있느냐, 이런 문제가 과제로 대두되는 겁니다.

여러 가지 물리학의 법칙, 흔히 4가지 법칙이라고 합니다만, 그 법칙들이 하나가 되었을 때 그 속에 정수가 얼마나 있는지 질문하는 방향으로 물리학은 나아가고 있습니다. 이것에 의해 세계의 운동이 모두 결정된다는 이론이죠. 예전에 하이젠베르크란 학자가 우주방정식이란 것을 제창했습니다. 이것만 풀면 삼라만상을 모두 알 수 있다고 주장했죠. 물론 이것은 현재의 통일이론과는 입장이 다르지만, 정수가 하나도 없는 이론이란 무리이기에 몇 종류의 정수가 있게 마련입니다. 세계는 그 정수 아래에서 움직이고 있다는 것이죠.

그렇다면 정수가 다른 우주에도 있을 수 있지 않느냐 하는 질문이 나올 수 있습니다. 물리법칙에 나타나는 수치라든가, 물리법칙 그 자체라 해도 상관없습니다. 우리 인간은 전기의 법칙으로 유지되고 있습니다. 인간이 전기로 움직이는 기계라는 사실은 명확합니다. 뇌든 몸이든 전기 구조를 가진 기계입니다. 하지만 예를 들어 전기의 양(量), 전기소양(電氣素量)이 다른 세계가 있다면, 그것은 다른 세계가 됩니다. 거기에서 생명이 생겨나느냐 그렇지 않느냐가 문제인 셈입니다. 그렇다면 다른 세계란 어떤 세계인가? 다른 종류의 생물이 존재하고, 다른 지적 생명체가 태어날 수 있는가? 뻔뻔스럽게도 우리 인간은 자신을 '지적 생명계(知的 生命系)'라고 생각하니까, 지적 생명체가 태어나지 않는 우주는 인식될 수 없습니다. 여러 가지 우주가 있어도 되는지 모르겠습니다.

현재 멀티 버스(多宇宙)라는 용어를 사용하고 있고, '우주는 무한하게 이루어져 있다'는 이론을 저도 연구하고 있습니다. 인간원리는 결코 신(神)이 만든 사고방식이 아니며, 지적 생명체가 태어나는 우주만이 인식된다는 입장을 취합니다. 그런데 결과적으로는 인간이 있는 우주밖에 안 보이니까, 인간을 위해 우주가 만들어졌다고 볼 수 있는 겁니다. 하지만 그것은 잘못된 시각입니다. 단순히 인식능력이 있는 지적 생명체가 태어나는 우주만이 인식될 뿐입니다. 그러므로 현재 우주의 여러 가지 양(量)은 마치 인간을 만들기 위해 디자인된 것처럼, 물리의 정수 등이 결정되어 있습니다. 그것은 신이 선택한 것이 아니라 우리가 존재한다는 사실 때문에 그 수치가 있는 우주가 인식된 것에 지나지 않습니다. 지금까지 말한 것은 인간을 생각할 때 하나의 이해 방식이 될 수 있을 겁니다. 하지만 내일 밥 먹는 데는 아무런 도움이 되지 않죠. (웃음) 인간은 그런 존재입니다. 저는 우주론 안에서는 이 이론이 보편적인 근간이 되고 있다고 봅니다.

고바야시: 아주 미묘한 인간주의 원리 같은 것을 인정함과 동시에, 그렇게 신비화하지 않아도 된다는 이야기죠?

사토: 그렇습니다. 이것은 순수하게 확률의 문제입니다. 우리는

그런 존재라는 겁니다. 인간만이 지적 생명체인 것은 아니라는 식으로 말했는데요. 사실은 다른 우주에서 이상한 생명체가 똑같은 이야기를 하면서, 자신들이 살고 있는 우주만이 인식될 수 있다는 식으로 이야기하고 있을지도 모른다는 거죠.

놀라움, 아름다움, 감동

고바야시: 우주의 역사만큼 긴 시공간(時空間)을 다루는 역동적인 소설은 없는 셈이죠. 거꾸로 말하자면 이만한 로망은 없다고 할 수 있습니다. 물리적 우주 속의 삼라만상을 4개의 방정식과 몇 가지 수치로 적어낼 수 있다는 것은 대단한 일입니다. 게다가 무척이나 깔끔한 형식으로 말이죠. 그렇게 단순한 법칙으로 이토록 많은 현상을 설명할 수 있다는 것, 이것은 아름다움이라고 할 수 있으며 놀라움이라고도 할 수 있습니다.

사토: 그렇습니다. 이 감동을 자연과학은 물론 인문과학 전공자들에게도 전하고 싶습니다.

고바야시: 잘 사는 데 도움이 되는지 어떤지는 모르겠지만, (웃음) 적어도 학문의 가장 밑바닥에 있는 일종의 놀라움의 감각이야말로 중요한 것입니다. 제 아무리 물리나 생명과학의 지식을 갖고 있어도 이 감동을 공유하지 못한다면 교양이 아니라고 생각하는데, 어떨까요?

사토: 그렇죠. 우리가 살고 있는 세계란 아주 논리적이며 수미일관된 법칙을 따르고 있습니다. 단순한 신의 변덕으로 세상이 움직이는 것이 아니라, 확고한 법칙 아래 움직이고 있다는 사실을 인문과학을 공부하는 사람들을 포함해서 인식할 필요가 있다고 생각합니다.

고바야시: 저는 그것을 '아름다움' 이라고 말했는데, 어떻게 생각하세요?

사토: 정말 그렇다고 생각합니다.

고바야시: 자연 세계가 왜 이렇게 아름다운지, 또한 어떻게 해서 몇 개의 아름다운 수식으로 표현될 수 있는지를 배울 수 있는 책을 소개해 주세요. 어려운 수학을 몰라도 읽을 수 있는 책이면 더 좋겠습니다.

사토: 우선 존 D. 배로우의 『우주의 기교(*Artful Universe*)』를 들 수 있겠죠. 이 사람은 제 친구인데, 최근 고바야시 선생님이 주장한 자연계(自然界)의 법칙과 인간의 관계를 넓은 시야에서 탐구하고 있습니다. 현재 케임브리지대학교에 있습니다. 우리가 왜 이 법칙이나 자연계를 아름답다고 생각할까 하는 물음을 탐구하는 책입니다. 배로우는 그의 진화심리학을 통해 이 질문에 훌륭하게 답하고 있습니다. 저는 물리학과에 들어온 학생은 모두 '일반상대성 이론' 을 공부해야 한다고 생각합니다. 이만큼 아름다운 법칙은 없으니까요. 거기엔 뉴턴 역학의 아름다움을 넘어선 아름다움이 있습니다. 하지만 물리학과 학생이라도 '일반상대성 이론' 은 선택과목입니다. 시간과 공간의 본질을 배우지 않은 채 물리학과를 졸업할 수도 있는 것이죠. 슬프지만 시간이나 공간이 무엇인지도 모르는 물리학과 학생들이 줄지어 졸업하는 셈입니다.

고바야시: 무엇이 더 나은 삶의 방식인지 고민하다 보면, 최종적으로 인간의 논리로는 설명할 수 없는, 미(美)라고밖에는 표현할 수 없는, 일종의 조화에 대한 동경에 다다릅니다. 제가 미에 집착하는 이유는, 이러한 동경이 없으면 그 어떠한 교양이라도 단순한 지식의 집적 이상이 되지 않을 우려가 있기 때문입니다. 아름다움

은 예술에만 있는 게 아닌 셈입니다. 우주의 아주 깊은 무언가가 일으키는 현상이 아름다움이라는 감각, 이 감각을 적어도 도쿄대학의 교양에 요구하고 싶습니다. 이것이 없으면 학문은 성립할 수 없다고 생각합니다.

자연과학과 교양: 생명

아사시마: 저도 그렇게 생각합니다. 사토 선생님께서 우주의 아름다움에 관해 이야기하셨는데, 개개의 생물도 아주 아름답습니다. 예를 들어 가뢰라는 곤충을 보면 예쁜 색깔을 하고 있어 아름답습니다. 이런 식으로 저마다 아름다움을 갖고 있는데, 그렇다면 거기에 통일적인 무언가가 있는지 요즘 생명과학은 생각하고 있습니다. 지금 외국 대학에서는 생명과학이 필수과목인 곳이 많습니다. 왜냐하면 우주와 마찬가지로 생명에도 기본원리가 보이기 시작했기 때문이죠. 그것이 유전자인데 그 안에는 네 글자밖에 없습니다. 네 글자로 이렇게 복잡한 것을 만드는 셈입니다. 그렇다면 그것이 도대체 무엇이냐는 질문이 나오게 마련입니다. 분자는 세분화하면 세분화할수록 초극세(超極細) 물질의 아름다움을 보여줍니다. 분자가 아름답게 배열되어 있으며 아름답게 움직입니다. 그것을 프로그램이라고 할 때 모든 생물이 비교적 동일하게 이 프로그램을 실행하고 있는 셈이죠. 지금까지는 인간을 가장 중심에 놓고 생각해 왔는데, 다른 생물의 입장에서 보면 실은 인간이란 참 약한 존재입니다. 약점투성이죠. (그런 약점을 가지고 있다는 사실을 안다는 것이 인간의 지혜기도 하지만 말입니다.) 예를 들어 예전에는 인간이 이만큼 복잡하니까 유전자가 한 20만 개 정도 된다고 생각했습니다. 하지만 그것이 12만이 되고 8만이 되고 3만이

되고 하다가, 이제 겨우 2만 3,000개밖에 안 된다는 사실을 알아냈습니다. 그것밖에 안 되는 것이 이만큼 복잡한 것을 만들어낸 겁니다. 하지만 세포당 유전자 수로 보자면 인간의 유전자는 도롱뇽의 10분의 1밖에 안 됩니다.

고바야시: 도롱뇽보다 적어요? 도롱뇽 다시 봐야겠네요. (웃음)

아사시마: 그러니까 우리가 중심이라고 생각해 왔는데, 실제로 알고 보면 다른 생물들도 모든 걸 가지고 있었다는 것이죠. 아니, 우리가 보지 못하는 세계가 있었다는 의미입니다. 예를 들어 나비의 세계는 자외선의 세계입니다. 지금 우리는 게놈을 큰 과제로 삼고 있는데, 그렇다면 그것을 바탕으로 앞으로 무엇을 할 것인가가 지금의 과제가 되고 있습니다. 그래서 생명과학을 모르면 우리 자신을 스스로 위태롭게 만들 수도 있습니다. 다른 생물과의 공존공영을 생각할 때, 인간은 무엇을 '원리(principal)'로 삼아야 할까요. 단순하게 풍요로움이나 쾌적함만을 추구한다면 인간은 점점 약해져만 갈 겁니다. 자기파멸이죠. 이런 사실을 포함해서 우리가 정말 무엇을 해야 하는가를 생각하는 것이 지금 생명과학의 과제입니다. 다윈은 『진화론』에서 생물이 걸어 온 길을 밝힘으로써 인간의 위치를 바꾸어 놓았습니다. 그 후 슈페만이라는 사람이 등장할 때까지, 사람은 사람, 곤충은 곤충이라는 식으로 알이나 정자 때 형태가 결정된다는 이론을 약 2,000년 동안 모두가 믿어 왔습니다. 그런데 20세기 초반에 들어와서 형태가 프로그램에 의해 결정된다는 것을 알았죠. 생물은 여러 가지 프로그램을 가지고 있어서, 마치 음악에 여러 가지 악보가 있는 것처럼 어떤 것이 더 좋다 나쁘다 할 수 없는 셈입니다. '사람'은 사람의 프로그램을 가지고 있을 뿐이며 다른 프로그램을 나쁘다고는 할 수 없는 겁니다. 다른

것도 좋은 소리를 낼 수 있죠. 우리가 그것을 아름답다고 생각하느냐 생각하지 않느냐의 문제죠. 그것은 우리보다 더 긴 역사를 가진 프로그램이고, 우리의 경우는 매우 단축된 프로그램인 겁니다.

고바야시: 우리 프로그램은 단축된 것입니까?

아사시마: 그렇습니다. 다른 생물과 구별되는 조절 능력을 가지고 있지만 기본이 되는 유전자가 적습니다.

사토: 지금 종(種)의 차이를 프로그램이라고 말하신 겁니까?

아사시마: 네. 혹은 역사적인 측면에서 보자면, 조금 전에 사토 선생님께서 우주의 역사 이야기를 하셨는데, 생명의 탄생을 46억 년 전이라고 하고, 이것을 하루 24시간에 비유하면 사람이 출현한 때는 밤 11시 59분 30초입니다. 겨우 30초 전에 일어난 일에 불과하죠. 불과 30초의 역사를 가진 사람들이 다른 생물에게 배우지 않으면 어떻게 합니까. 게다가 다른 생물들은 정말로 아름답습니다.

고바야시: 인간의 유전자가 단축되었다는 것은 여러 가지를 생략함으로써 현재의 모습이 되었다는 것이죠? 진화는 늘리는 것이 아니라 쓸데없는 것들을 버린 결과라는 말이네요.

아사시마: 어떤 시기는 늘리는 쪽으로 갔지만, 일정 시기부터는 줄이기 시작했죠. 수중에 있을 때는 그저 떠 있기만 하면 되었는데, 육지에 올라오니 자기 몸에 미치는 중력을 견뎌내야 했죠. 또 먹이를 얻기 위해 뛰어다니니까 몸이 작아질 수밖에 없었죠. 이런 요인들로 인해 유전자를 좀 늘려야 했습니다. 그러고 나서 필요 없는 것을 줄이는 방향으로 나아갔죠.

고바야시: 인간은 환경에 적응하기 위해 필요 없는 유전자를 폐기해 왔다는 겁니까?

아사시마: 별도의 새로운 시스템을 추가하기도 했지만, 어떤 의미에서는 그렇게 말할 수 있죠. 자신에게 필요한 것만을 남겨 왔다고 말입니다. 그 예로 뇌라는 생각하는 힘의 장소와 시각은 엄청나게 발달시켰지만 운동능력, 청각, 미각은 많이 줄여 왔습니다.

사토: 진화의 역사상 언제 최대치가 되었죠? 유전자가 가장 많아졌던 시기는요?

아사시마: 동물 중에서는 도롱뇽입니다.

고바야시: 도롱뇽이 최대의 유전정보를 갖고 있다고요?

아사시마: 그 뒤 새나 포유류는 세포당 DNA 수가 현격하게 줄어듭니다.

고바야시: 선생님의 도롱뇽 연구에는 그런 의미가 있었군요.

아사시마: 그렇습니다. 동물 중에 세포당 DNA 수는 도롱뇽 종류가 가장 많습니다. 그러니까 다리를 잘라도 다시 생겨나고, 물이나 육지 양쪽에서 모두 살 수 있는 겁니다.

고바야시: 우리는 이제 재생 능력을 잃었다는 거네요.

아사시마: 그러니까 도롱뇽에게 배우면 언젠가 우리도 손이 잘렸을 때 재생할 수 있을지도 모릅니다.

고바야시: 사토 선생님께서 말씀하신 물리학적 세계를 저는 미분방정식의 세계라고 부릅니다. 수치에 의한 해석이 아주 단순화될 수 있는 세계에서, 이 단순함에 놀라는 일이 매우 중요하다고 생각합니다. 그런데 지금 아사시마 선생님께서 이야기하신 생명 차원에서 특징적인 것은 프로그램과 정보입니다. 유전자는 4개의 '문자'로 쓸 수 있습니다. 즉 수치가 아니라 비연속적인 문자로 구성되어 있다는 것이죠. 이것은 같은 자연과학이라고 해도 언어 표현상 큰 차이가 있다고 생각합니다. 사토 선생님께서 보실 때 이 생

명의 세계는 어떻습니까?

사토: 기본법칙은 단순하지만 거기에 나타나는 방식은 복잡계(複雜係)의 문제입니다. 물리적인 성질이란 시간이 지나면 풍부한 구조를 차례차례로 만들어낼 수 있습니다. 물리법칙이란 직물로 말하자면 씨줄입니다. 씨줄을 살펴보면 날줄을 통해서 그 수리가 나타나는 방식이 실로 다양한 현상 형태를 띠게 됩니다. 신기하게도 이처럼 단순한 4개의 씨줄로 다양한 현상이 나타나는 셈입니다. 생명이 그 궁극적인 예입니다.

아사시마: 제가 4개의 문자라고 했지만, 아미노산 또한 20종류밖에 없습니다. 20개의 아미노산으로 이토록 다양하고 상이한 단백질을 만들고 있죠. 모든 것을 이 20개로 대응하고 있는 겁니다. 그렇게 보면 생물이 갖고 있는 규칙성도 매우 아름다운 것이죠.

고바야시: 생물의 세계도 물리학처럼 아주 기본적인 것에서부터 다양한 세계가 태어난다는 사실이 20세기에 알려졌죠. 저도 최근에 베를린으로 가는 비행기 안에서 도킨스의 『눈먼 시계공』을 읽었습니다. 우주도 생명도 진화한다는 두 가지 커다란 진화의 흐름을 지금 우리는 자각할 수 있게 된 셈입니다. 이 와중에 아사시마 선생님이 인간의 유약함을 자각해야 한다고 한 것은 아주 인상적입니다.

아사시마: 이제까지 모든 것을 인간 중심으로 생각해 왔는데, 이제는 약간 다른 방식으로 사물을 보는 게 필요한 시대가 왔습니다. 즉 인간만을 보는 것이 아니라 다른 것도 봐야 한다는⋯⋯.

야마모토: 하지만 알고 있어도 버려야 하는 것이 있습니다. 이게 어렵습니다.

아사시마: 그렇죠. 무엇을 버려야 하는가를 결정하는 일이 오히

려 이제부터 중요해질 겁니다. 이런 정보사회 속에서 버릴 것, 남길 것, 만들 것을 어떻게 프로그래밍하고 디자인하는가, 이것이 오늘의 문제라고 생각합니다.

기바타: 사토 선생님과 아사시마 선생님의 말씀을 나름대로 정리하면, 역시 인간은 더 겸허해져야 한다는 이야기라고 봅니다. 우주 앞에서의 겸허함, 광범위한 생명 안에서의 겸허함 말입니다. 하지만 그 안에는 인간이 가지고 있는 도량이 있다고 생각합니다. 인간의 지(知)가 넓은 우주에서부터 마이크로의 세계인 세포까지를 포괄하는 과정에서, 다시 한번 인간의 도량을 찾아낼 필요가 있지 않을까요?

하지만 인간은 자기 혼자 살아나갈 수 없습니다. 사회 안에서 다른 인간과 관계를 맺으면서 살아 나가죠. 또 인간과 관계를 맺는 속에서도 각각의 인간이 겸허할 때 비로소 어떻게 더 잘 살 것인가를 자문하게 됩니다. 그러기 위해서는 역시 사회 혹은 세계 속에서 자신의 위치를 가늠하는 일이 중요합니다. 그것이 교양이 되는 것이고요. 사람은 각자의 역사를 가지고 있습니다. 그리고 사람이 쌓아올린 사회도 역사를 가지고 있습니다. 각각의 세계 속에서 이것이 어떻게 평가되는지, 이것을 역사적인 관점에서 생각해 보자는 겁니다.

고바야시: 그렇다면 우주의 진화와 생명의 진화가 있고, 11시 59분 30초였나요? 거기에서 인간의 역사가 시작되었다고 할 때, '인간'을 어떻게 정의할 수 있을지 생각해 본다면 역시 언어가 중요합니다. 즉 생명인 자연의 내부 프로그램과는 다른 인공적인 외부 정보, 외부기억을 가졌다는 것이죠. 예를 들어 알파벳을 보면, 딱 아미노산 정도의 개수로 삼라만상 거의 전부를, 게다가 현상을 넘

어선 것까지 기술할 수 있는 시스템을 외부에 가짐으로써, 인간은 역사의 공간을 만들어냈습니다. 그러니까 인간의 위치를 고려할 때 물리적 세계 속에서의 위치, 생명론적인 위치, 인간의 역사 속에서의 위치, 이 3가지 층위를 반드시 유념해야 합니다. 그리고 교양이란 그 역사의 계승에 관련된 문제라고 생각합니다.

폭넓은 사유

고바야시: 좀 전에 사토 선생님께서 『우주의 기교』란 책을 거론하셨는데요. 아사시마 선생님, 생명의 역사와 관련해서 꼭 읽어보았으면 하는 추천서가 있으면 소개해 주세요.

아사시마: 『종의 기원』을 다시 한번 현대적으로 읽어보면, 다윈이란 사람이 얼마나 사물을 자세히 관찰하고 여러 가지 지식을 망라하여 사회, 문화적으로 다양한 시각을 가지고 있었는지 알게 됩니다. 그러므로 이 책은 꼭 읽어봐야 할 고전이라고 생각합니다.

고바야시: 그렇군요. 저는 원전도 읽지 않은 채 도킨스를 읽었는데, 이 책도 다윈의 『진화론』을 발전시킨 것이죠.

아사시마: 오늘 도킨스의 책도 두 권 갖고 왔습니다. 하나는 『무지개를 풀며(*Unweaving the Universe*)』입니다. 이것은 물리학의 관점에서 생물을 보자는 건데 꽤 재미있습니다. 뉴턴이 프리즘으로 아름다운 무지개를 만들어버렸기 때문에 당시 낭만주의자들은 뉴턴이 '미(美)'라는 개념을 망가뜨렸다고 비난했죠. 그런데 자세히 보니 그 안에서 하나의 새로운 미가 발견되었습니다. 그것은 자연과학에서 말하는 보편성이죠. 과학이란 미의 추구, 원리의 추구, 역사의 추구인 겁니다. 자연과학이란 어떤 면에서는 꿈을 깨부수는 듯하지만, 실은 새로운 꿈과 놀라움을 만들어냅니다. 과학이란 꿈

과 놀라움을 줍니다. 그런 것을 말해 주는 책이지요.

고바야시: 도킨스의 책은 참 재미있습니다. 자연과학자가 이만큼의 문장력으로 말 그대로 교양, 즉 단순한 전문지식이 아닌 통찰력을 발휘할 수 있다는 것은 정말 놀라울 따름입니다. 이런 종류의 책은 영국에서 곧잘 등장합니다. 영국인들이 가진 이런 감각이 부럽네요.

아사시마: 어느 영국인 집을 방문했을 때 일입니다. 그 집에는 낡은 책이 많이 있었습니다. 책이 바로 옆에 있으니까 손쉽게 보게 되죠. 할아버지가 모은 책, 어머니가 모은 책 등이 있었습니다. 다양한 책이 있기 때문에 사색할 수 있는 시간과 공간이 만들어지는 겁니다.

기바타: 그것은 동시에 계급이 있다는 이야기입니다. 저는 영국사가 전공인데 유학한 대학은 런던대학입니다. 옥스퍼드나 케임브리지도 잠깐 있어본 적이 있는데, 아사시마 선생님께서 말씀하셨던 대로 식사할 때는 언제나 지적인 격투를 하면서 밥을 먹는 분위기가 보통이죠. 아무래도 여러 가지를 폭넓게 축적하지 않으면 이 격투에서 살아 나갈 수 없습니다. 영국에는 그런 분위기가 있습니다. 어쩌면 대학이라는 한정된 세계에서 일어나는 일일지 모릅니다만.

사토: 저는 호킹의 책을 번역한 적이 있는데, 그의 집안에서 자주 논쟁되는 것은 신학논쟁이나, 혹은 자연과학과는 전혀 관계없는 토론이라고 합니다. 그는 신의 존재 따위는 전혀 믿지 않지만 신이 없다면 어떻게 되는지 등을 생각하면서 지적 세계를 즐기는 거죠. 이 배로우라는 사람도 바로 그렇게 지적 세계를 즐기고 있습니다.

고바야시: 좀 전에 '미'라는 것을 이야기했는데, 미에 대한 놀라움과 동시에 지적 세계에 대한 즐거움이 없으면 안 되죠.

기바타: 격투라고 했지만 괴로운 것이 아니라 아무튼 유쾌한 격투인 셈입니다.

아사시마: '지(知)' 혹은 문화를 익히는 것은 즐거워서 어쩔 줄 모르는 일이죠. 『헤라클레이토스의 불』이라는 책을 쓴 생물학자 에르빈 샤르가프는 다양한 문화를 이해하고 있습니다. 라틴어가 나오고 그리스어가 나오고 역사적인 문제나 문화적인 문제가 이 책에 등장하죠. 이런 문제를 다루는 사람이 생명의 가장 근원에 다다르는 셈입니다. 그리고 그의 책은 생명과학에서 20세기 최고의 발견인 왓슨과 크릭의 이중나선으로 이어집니다. 샤르가프는 그 기초원리를 발견하고 4개의 문자가 쌍이 된 부분을 발견합니다. 이 사람은 정말 과학적인 센스가 뛰어납니다. 그만한 지식을 가지고 있었기에 본질을 꿰뚫어 볼 수 있었던 거죠.

고바야시: 그것은 아주 중요한 점이라고 생각합니다. 자연과학도 최고 수준의 업적이나 신기원을 열기 위해서는 역시 뛰어난 언어 능력을 가져야 합니다. 데이터와 실험만 하면 논문은 얼마든지 쓸 수 있겠지만, 자연과학의 세계에서 이것만 반복하는 일은 극히 위험하지 않을까요? 자연과학에서는 갈수록 가르칠 것이 늘어나고 방대한 커리큘럼이 요구되고 있습니다. 그건 이해합니다. 하지만 진정한 의미에서 충격을 줄 수 있는 발견이란 역시 인간적이고 문화적인 심오한 배경이 없으면 나오지 못합니다. 이런 주장을 도쿄대학 교양학부는 목소리를 높여 주장할 수 있어야 합니다.

아사시마: 교양학부에서 배워야 할 것은 폭넓게 사유하는 일, 여러 가지 속박에서 벗어나 학문과 지식과 개인의 자유를 다시 한번

음미하는 일이겠죠. 인문학(liberal arts) 정신의 자유와 중요성을 몸소 체험하는 장소여야 합니다.

언어능력으로서의 교양

고바야시: 사토 선생님이 이야기한 호킹 가족의 신학논쟁이나, 아사시마 선생님의 독일 경험, 또 기바타 선생님이 말씀한 일상에서 벌어지는 격투는, 모두 언어를 사용하여 자기 의견을 말하고 타자의 의견을 듣는 일을 토양으로 해야 합니다. 그랬을 때 지금까지 거론된 책들도 태어날 수 있죠. 자연과학도 그렇다고 생각합니다. 단순히 방정식을 배우면 되는 것이 아니라, 사람과 대화하고 문화에 대해 이야기하는 속에서 자연과학의 세계가 열리는 것이죠. 거꾸로 말하면 자연, 즉 우주, 생명, 인간이 있음과 동시에, 인간 속에 그 자연과학이 있다는 겁니다. 이 양쪽의 구조를 실감나게 왕복할 수 있는 사람을 진정한 의미에서 교양 있는 사람이라고 할 수 있지 않을까요?

기바타: 지금 발언과 관련해서 외국어를 어떻게 자리매김할까가 매우 중요하다고 봅니다. 지금 고바야시 선생님께서 말씀하신 대로 하나의 무기로서 언어를 사용한다는 측면이 있는데, 그 의미는 외국어를 배움으로써 보다 명확해집니다. 교양과 외국어의 관계를 생각했을 때, 외국어를 통해서 다른 문화를 배우는 것은 물론이고, 그런 언어의 힘을 깨닫는 것도 의미가 크다고 봅니다. 그것은 다시 모국어 사용방법으로 환원될 것이라고 생각합니다.

고바야시: 그리고 그 언어의 힘을 진정으로 익히기 위해서는 역시 책이 있어야 한다고 강조하고 싶습니다. 지금 환경에서 정보는 이미지든 음성이든 바로 손에 넣을 수 있지만, 모든 것이 따로 따

로 분리되어 있습니다. 진정한 언어능력을 위해서는 책이 중요하다고 말하고 싶군요.

야마모토: TV나 인터넷 등의 디스플레이와 달리 신문은 다음날 아침이 되어야 나오죠. 하지만 디스플레이 상의 문자가 아니라 손에 잡히는 문자가 사고하는 미디어라고 봅니다. 인간이란 글자를 쓰거나 그림을 그리거나 해서 대화하죠. 그런데 어떤 조사에서 보니 도쿄대 학생 중 하숙생 경우에는 세 사람 중 두 사람이 신문을 받아보지 않는다고 합니다. 사고하는 습관이 없어져 가는 것은 문자와 접하지 않는 현실과도 밀접한 관계가 있습니다.

책이 아니면 안 되는 이유

고바야시: 비주얼 정보는 순식간에 감각으로 들어옵니다. 뇌는 순간적으로 그것을 받아들일 수 있지만, 문자언어는 이미지와는 달리 금세 모양이 떠오르지 않죠. 상상력을 동원해서 스스로가 모양을 만들어 나가야 됩니다. 실은 이것이 매우 중요합니다. 효율이라는 의미에서는 아주 나쁘죠. 문자에서 이미지까지 가기 위해서는 시간 차가 생기고, 그 속에서 생각하거나 상상해야만 하니까요. 물론 이것은 아주 짧은 순간일 수 있어요. 하지만 그 사이에 자신의 뇌가 상상력과 사고력을 발휘합니다. 여기에서 처음으로 언어의 운용능력이 생겨납니다. 책이 아니면 안 되는 가장 큰 이유가 여기에 있습니다. 이런 것은 정말 책 말고는 생각할 수 없습니다. 책은 어떤 의미에서 시대에 뒤떨어진 미디어이지만 그 느림 속에 정신을 형성하는 정말 중요한 힘이 숨어 있는 것입니다.

그래서 책을 읽지 않으면 언제까지나 자신 속의 사고나 상상력이 자라지 않습니다. 이 두 가지 중요한 능력을 잃어버리면 인간은 약해질 뿐이기에, 책을 읽는 지루함을 견뎌내야 한다고 생각합니다. 느낄 수 없는 것을 느껴보려고 노력하고, 잘 모르는 것을 이해하기 위해 문맥을 나름대로 구성해 보는 것이죠. 문맥을 스스로 구성하는 일이 아마도 지적 능력의 가장 큰 훈련이 아닐까 싶습니다.

기바타: 정말 그렇습니다. 책은 하나의 물체죠. 화면에서 흘러나오는 것이 아닙니다. 지금 고바야시 선생이 말씀하신 대로 여기에서 언어를 어떻게 독해하느냐가 중요합니다. 그리고 물체로서의 책은 앞으로 전개할 수도 있고 뒤로 전개할 수도 있습니다. 그런 자유가 있죠. 그것은 화면을 스크롤하는 것과 전혀 다른 자유입니다. 자기 두뇌의 활동에 따라서 앞으로도, 뒤로도 갈 수 있습니다. 이렇듯 물리적으로 큰 이점을 갖춘 것이 책이죠.

아사시마: 좀 전에 『종의 기원』에 대해 이야기했는데, 학생일 때 읽은 이미지와 지금 이미지는 전혀 다릅니다. 새로운 세계가 보이기 시작한 거죠. 그리고 또 하나, 책은 되새김질할 수 있습니다. 상상력이 갈수록 팽창하는 셈이죠. 씹으면 씹을수록 맛이 나는 것처럼, 훌륭한 고전이라고 불리는 책만큼 읽으면 읽을수록 맛이 나는 것은 없습니다. 이것이 책이 갖는 장점이죠.

와쓰지 데쓰로(和辻哲郎)는 20대의 나이에 『고사순례(古寺巡禮)』를 썼습니다. 여기에는 페르시아, 그리스, 인도 등의 문화는 물론이고 야쿠시지(藥師寺)나 도다이지(東大寺)가 등장하죠. 이 책을 읽으면 책이 갖는 문화, 또는 그 아름다움을 느낄 수 있습니다. 그것은 활자로밖에 나타나지 않는 겁니다. 영상에서는 보이는 것밖에 보여주지 않습니다. 하지만 책은 그 이상의 것을 보여줍니다.

고바야시: 현재 심포지엄 등에서 이과계 선생님들이 파워포인트로 아주 깨끗한 영상을 만듭니다. 그런데 그건 정말로 잘하는 일일

까요? 저는 혹시 교육 효과를 떨어뜨리는 게 아닌가 하고 생각할 때가 있습니다. 물론 설명 도식이 들어가는 것은 좋지만, 학생이 노트로 받아 적어야 할 요점까지 모두 적혀 있는 프레젠테이션은 너무하다고 생각합니다. 역시 말을 통해 스스로가 이해하도록 해야 하는 건 아닐까요? 너무 빠른 감각정보를 주는 것이 최선은 아니라는 점을 생각해야 합니다. 현재 학문세계에서 프레젠테이션 기술이 중요하다는 것도 알겠지만, 거기에는 함정이 있습니다. 언어로 전달하려는 노력이 중요한 겁니다. 자연 언어 속에서 비로소 인간의 사고나 역사의 열쇠가 발견될 수 있습니다.

역사를 보는 눈

고바야시: 기바타 선생님께서는 좀 전에 역사의 공간이라고 하셨는데, 이와 관련해서 뭔가 추천할 만한 책이 있을까요?

기바타: 여러 가지 있지만 역사학 입문서로 유명한 명저는 E. H. 카의 『역사란 무엇인가』와 마르크 블로크의 『역사를 위한 변명』이겠죠.

이 두 책의 공통점은 현재를 사고하기 위해서는 역시 역사를 봐야 한다는 주장입니다. 즉 카의 유명한 말로 하자면 '과거와 현재의 대화'가 되겠죠. 이런 토대 위에서 역사를 어떻게 볼 것인가, 역사를 보는 눈을 어떻게 길러 나갈 것인가, 역사를 사고하기 위한 방법을 어떻게 훈련할 것인가 등을 생각한 책이니까, 역시 이런 책은 꼭 읽어보라고 권하고 싶군요. 마르크 블로크의 『역사를 위한 변명』은 '아버지, 역사는 무엇 때문에 필요한 것이죠?' 하는 질문에서 시작하는데, 이것은 블로크의 아들이 아니라 지인의 아들 이야기입니다. 블로크는 제2차 세계대전 때 프랑스 레지스탕스로 참가해서 거기에서 죽은 사람입니다. 따라서 미완의 책이며 논리적으로도 최종적인 결론에 도달하지 못했습니다. 하지만 인간의 오만함이 전면에 나타난 전쟁 속에서, 역사가로서 도대체 무엇을 사고할 수 있는가 하는 극한의 상황 속에서, 역사에 대해 서술한 책입니다.

고바야시: 그것은 쓰여 있는 역사가 아니라, 지금 살아있는 역사인가요?

기바타: 그렇죠. 부제가 '역사가의 임무'이니까, 역사가가 자기 임무로서 살아있는 역사를 어떻게 생각하느냐에 주안점을 두고 있죠. 이것이 살아있는 역사로 다시 되돌아온다는 현실의 긴장감을 가지고, 블로크가 무엇을 말하고자 했는지 음미할 필요가 있습니다.

고바야시: 이과든 문과든 학생들이 역사의 어떤 점을 인식해 줬으면 합니까? 역사학자의 입장에서요.

기바타: 역사를 배운다는 것 자체가 갖는 힘이랄까요. 자기가 매일 살고 있는 현재가 어떤 역사를 짊어지고 있는가를 알아야 하는 것이죠. 거기서 인간의 위치를, 또한 자신의 위치를 어떻게 규정해 나갈 것인가, 그 실마리로서 역사의 존재의의와 마주해야 합니다.

고바야시: 역사에는 아까 말한 4개의 유전자도 없고, 우주물리학과 같은 4개의 기본적인 힘이라는 통일성도 없죠.

기바타: 음, 예전에는 역사에도 법칙이 있다고 했죠. 그때는 어떤 의미에서 행복했어요. 그 법칙을 알면 앞이 보였으니까요. 그런데 그렇지 않잖아요.

고바야시: 구성되고 쓰인 역사는 역사적으로 '국민'의 형성과 깊이 연관되어 있다고 생각합니다. 즉 근대국가가 '국민국가(nation)'의 형성과 함께 태어났을 때, 그것이 역사적인 산물이라

는 점을 자각했어야 했던 것이죠. 근대 시민은 역사를 배울 필요가 있었던 겁니다. 그러나 지금 '국민국가'로는 묶을 수 없는 역사가 전개되고 있습니다. 이때 중요한 문제는 세계의 역사를 어떤 발상으로 어떻게 받아들여야 하는가가 아닐까요. 더 이상 국민국가로는 불가능하니까요. 일본인이 일본의 역사를 알아야 하는 것은 당연하지만, 우리는 일본뿐만 아니라 다른 역사에도 책임이 있다는 점을, 자신이 지적이라고 자부하는 학생들은 알아줬으면 합니다. 이것이야말로 교양이라고 생각합니다. 세계 전체에 대해 책임이 있다는 점을 깨닫는 것이죠. 이 책임에 대해 역사학이 답할 수 없다면 의미가 없다고 봅니다. 그런데 이것은 아주 어려운 일이죠. 일본의 역사라든가 프랑스의 역사, 영국의 역사 같은 개별적인 국민국가의 역사라면 벌써 산더미처럼 쌓여 있습니다. 하지만 과연 이것을 넘어서는 한 걸음을 역사가, 혹은 우리가 어떻게 내딛어야 하는지, 이 점에 대해 말씀해 주셨으면 합니다.

기바타: 그것은 양쪽으로 여는 것이겠지요. 하나는 사토 선생님께서 말씀하신 우주, 뭐 거기까지 가지 않더라도 지구 방향으로 여는 겁니다. 세계사라는 말이 있고 최근에는 글로벌 히스토리라는 말도 있습니다. 글로벌 히스토리라고 하지 않고 세계사라고 하면 되지 않느냐 하는 의견도 있지만, 아무튼 우주와의 관계라든가 생태계와의 관계 등을 포함해 지구나 세계로 눈을 돌려야 합니다. 다른 하나는 아사시마 선생님이 연구하는 유전자까지는 가지 않더라도, 유전자로 이루어진 한 명의 개인이 있습니다. 사람은 각자의 역사를 갖고 있습니다. 그러한 한 사람의 개인이 어떻게 살아 왔느냐 하는 그 역사입니다. 이렇듯 지구 및 개인과의 관계 속에는 다양한 층위가 있고, 국민국가의 역사는 그 중 하나에 지나지 않습니

다. 이런 의미에서 국민국가의 역사를 상대화해 나갈 필요가 있습니다.

인류의 역사

고바야시: 이것은 일종의 도발입니다만, 인류의 역사가 과연 쓰인 적이 있을까요? 즉 인류라는 종(種)의 역사 말입니다. 아사시마 선생님께서 말씀하신 인간이라는 생물학적인 종에서 출발하여, 도대체 인류는 지금까지 무엇을 해 왔느냐 하는 역사 말입니다. 요컨대 개인도 아니고 국가도 아니고 국민도 아닌, 인류는 지금까지 도대체 무엇을 해 왔는지에 대한 역사가 있어야 한다고 보는데, 어떨까요?

기바타: 쓰인 적은 없었다고 생각되지만 그런 문제제기는 있었습니다. 그다지 오래된 일은 아니죠. 즉 인류가 멸망하는 게 아닌가 하는 위기감이 팽배했을 때 그런 문제제기가 있었던 것이죠. 제2차 세계대전 이후 핵문제라든가, 인류 멸망으로 이어질 만한 것을 바야흐로 인류가 손에 넣었을 때, 인류문제가 고찰되기 시작했죠.

고바야시: 또 하나 아우슈비츠도 있습니다. 인간을 그런 식으로 '처리해 버리는' 정치나 체제를 만들어냈다면, 과연 우리의 '진화'란 무엇이었을까요? 우주의 진화, 생명의 진화라는 말처럼 과연 인류는 진화했다고 할 수 있는 걸까요? 이것은 역사가에게 가혹한 질문인가요?

기바타: 예전에는 그런 부분에 답할 수 있는 법칙이 있었고, 그 법칙에 따르면 유토피아가 있다고 생각했죠. 하지만 그렇지 않다는 것을 이제는 모두 다 압니다. 그러므로 인류사(人類史)는 아직 쓰이지 않았다고 봅니다. 인류의 지혜와 어리석음, 그것을 모두 포

함한 형태의 역사가 쓰여야 합니다.

고바야시: 매우 어렵겠지만 이제 겨우 그런 지평에 도달하고 있다는 실감이 듭니다. 우리는 겨우 생물학적으로 '종(種)'을 사고할 수 있는 기반을 마련했다고 봅니다. 지금까지는 아사시마 선생님께서 말씀하신 대로 인간중심주의로 자기 이외에는 생각하지 않았지만, 인류라는 종은 다른 종에 대해서, 지구라는 혹성에 대해서, 우주 속에서 도대체 무엇을 해 왔을까 하는 질문이 제기될 수 있습니다. 이것이 21세기 인류의 과제라고 생각합니다. 그리고 지적인 종합력을 가져야만 대답할 수 있다고 생각합니다.

아사시마: 그런 부분이 최근 홀대받고 있습니다. 즉 인류의 다양한 문제가 도처에서 분출하고 있으니 말입니다. 물리학은 새로운 에너지와 함께 원자폭탄도 만들어냈죠. 화학은 나일론이나 비닐을 만들어 생활을 윤택하게 했지만 환경을 파괴했죠. 이제는 생물 차례인데, 인간은 병을 치료한다는 명목으로 인간에게 손을 대기 시작했습니다. '이것이 정말 좋은 일인가?', '좋으면 좋고 나쁘면 나쁘다고 주장할 때, 과연 어떤 철학이나 지혜를 가지고 설명할 것인가?' 여기에는 생명과학자뿐만 아니라 철학자나 사회학자, 그밖에 다양한 분야의 사람들이 참여해야 합니다.

고바야시: 최근 50년간 자연과학의 방대하고 극적인 변화와 테크놀로지의 급격한 변화 속에서 인간에게 어떤 책임을 물을 것인가에 관해, 철학자들은 상당히 고민하고 있습니다. 예전에는 자연과학자와 철학자가 동일했죠. 헤라클레이토스 시대에는 '만물은 흐른다'라고만 말하면 충분했을지 모릅니다. 하지만 지금은 아사시마 선생님께서 말씀하신 근본적인 문제에 대해 생명과학을 모르고 답하게 되면 상당히 교만한 대답을 내놓을 수밖에 없습니다. 인

간에 대한 사고는 자연과학이 이룩한 방대한 혁명을 어떻게 인간적인 의미로 변환시키느냐, 그리고 여기에 인간으로서의 철학을 세울 수 있느냐가 오늘날의 과제로 등장하고 있다고 생각합니다.

저는 이런 과제에 대해 자각하고 있습니다만, 오늘날의 철학자는 우주론은 물론, 생명론이나 역사도 몰라서는 안 된다는 끔찍한 입장에 처해 있습니다. 이런 상황에서 종합적인 지식을 어떻게 만들어낼 수 있을까요? 이렇게 세분화되고 방대한 전문지식 앞에서, 누가 어떻게 전체를 종합하고 인간이 살아갈 길은 이것이라고 제시할 수 있을까요? 인간의 한평생과 능력은 제한되어 있기에 이 과제는 대단히 어려운 지점에 다다랐음을 실감합니다. 하지만 동시에 그런 지평이 생겨나지 않으면 안 되는 한계를 만났다는 것도 알 수 있습니다. 한 사람의 개인으로서는 돌파할 수 없는 문제를 어떤 식으로 공동의 네트워크를 형성해서 동일한 질문을 공유하느냐가 중요한 시대가 된 것입니다.

다양성의 디자인

아사시마: 몇 가지 키워드로 정리해도 될지 모르겠습니다만, 그 중 하나로 '히스토리'라는 단어가 있습니다. 이것은 휴먼 히스토리이기도 하고, 네이션 히스토리이기도 하며, 내추럴 히스토리이기도 합니다. 히스토리라는 말이 아무튼 중요한 셈입니다. 그리고 '다양성'이라는 문제죠. 현재 글로벌라이제이션이란 말이 유행하고 있는데, 사실 아주 단일화, 흑백화하는 경향 때문에 조직이라는 것은 약해지고 있습니다. 그래서 사고방식까지 포함해서 어떤 식으로 다양성을 확보할 것인가가 매우 중요한 문제가 되었습니다. 즉 다양성을 가진 사회를 만들어낼 수 있느냐 없느냐가 문제죠. 그

리고 공존과 자율이라는 생각이 중요합니다. 이것은 안 된다거나 저것은 괜찮다는 생각이 아니라, 서로가 공존하면서 자율적으로 지낼 수 있는 무언가가 필요하겠죠.

그리고 파괴만이 아니라 '남긴다'는 것에 대한 고민이 있어야 합니다. 무언가를 남긴다는 것은 중요한 일인데 오늘날에는 만드는 일만을 하고 있지요. 만드는 것은 매우 좋은 일처럼 보이지만, 그 이면에서는 남겨야 할 것을 전부 파괴해 가고 있습니다. 그것은 일종의 문화라고 생각합니다. 그래서 가장 중요한 열쇠는 인간과 자연입니다. 인간을 중심으로 해서 그런 무언가를 만들어내는 사람이 없어지면 인간은 역시 멸망합니다. 그것을 지탱해 주는 것이 바로 교양이겠죠.

사토: 물리학자라는 사람들은 사물을 매우 단순화시켜서 생각하기 때문에, 인간의 역사 속에서 비추어볼 때 지금 확실히 다른 국면으로 넘어가려고 하는 것 같습니다. 명확히 말하자면 스스로 자신을 디자인할 수 있는 시대가 된 것이죠. 이런 시대가 되었을 때 인간은 도대체 어떻게 디자인하는가? 궁극적으로는 이 질문으로 귀결된다고 봅니다. 더 이상 인간의 진화는 자연의 진화로 결정되지 않습니다. 디자인함으로써 화성에 살 수 있는 생명이 등장할지도 모르는 일입니다. 공상과학 같은 이야기지만, 결코 그렇지만은 않습니다. 하세가와 도시카즈 선생님이 자주 하던 말씀인데, 우리의 지적 능력은 아프리카에 있었을 때부터 크게 달라지지 않았고, 더욱이 마음은 전혀 진화되지 않았다고 합니다. 아프리카의 대지에서 살았던 10만 년 전에 만들어진 마음으로, 서로 생물로서의 다양한 감정과 느낌을 가지고 살고 있는 거죠. 그것을 그대로 살리면서 디자인해 나가는 일이 인간으로서 괜찮은 일인가, 그것이 윤

리라고 한다면 그것만으로 족한 것인가, 이런 문제를 심각하게 생각해 봐야 합니다. 물론 해답은 없지만 역시 폭넓은 교양을 지녀야 할 것입니다. 지금부터 중요한 일은 인류의 미래를 디자인할 수 있는 능력입니다. 이는 종합적인 식견을 가지고 해야 할 일입니다.

기바타: 좀 전에 아사시마 선생님이 말씀한 다양성이란 것과 공존·공생이라는 것이 역시 키워드가 된다고 봅니다. 교양을 어떻게 생각하느냐 하는 문제 이전에, 자신의 위치를 규정하는 것이 중요합니다. 그것을 도와주는 것이 교양이지요. 자신의 위치를 규정하는 것은 자기와는 다른 타자의 위치를 알아 나가는 일도 되겠죠. 자신을 직시할 수 있다는 것은 타자를 직시할 수 있다는 의미와 같습니다. 타자를 직시한다는 것은 여러 차이가 있다는 것을 인식하는 일이며, 이것이 바로 다양성의 인식입니다. 이 다양한 타자들과 어떻게 서로 협력하며 살아 나갈까 하는 것이 공존·공생이겠죠. 다시 말하자면, 스스로의 위치를 규정하면서 타자를 알고 이로써 다양성을 인식하며 공존·공생을 꾀해 나가는 일, 이런 길을 우리가 찾아야 하며 여기에 도움이 되는 것이 교양이겠죠.

자기와 타자와 관련해서 세계 속에서 스스로의 위치를 규정하려고 할 때, 에드워드 사이드의 『오리엔탈리즘』이 참고가 됩니다. 이것은 유럽이 오리엔트를 어떻게 봤느냐 하는, 유럽 속의 타자 인식을 문제삼은 책입니다. 유럽이 오리엔트를 바라보는 뒤틀린 시각이 유럽 자신을 어떻게 뒤틀리게 했는지가 이 책에 잘 드러나 있습니다. 그의 회고록인 『에드워드 사이드 자서전(*Out of Place*)』도 추천하고 싶군요. 좀 전에도 말했지만 각각의 개인을 파악하고자 할 때, 전기라든가 자서전, 혹은 여러 사람이 쓴 일기를 읽으면 실마리가 잡힐 겁니다. 그러니까 『오리엔탈리즘』과 함께 자서전을 읽어보면 매우 재미있지 않을까 합니다.

아사시마: 20세기 최고의 발견은 왓슨과 크릭의 이중나선이라고 일컬어지죠. 그런데 저는 좀 전에 말한 샤르가프가 그 기초를 만들었다고 생각합니다. 더 자세히 말하면 최종적으로 결정적인 역할을 한 것은 여성 과학자 로잘린드 프랭클린의 X선 사진입니다. 이런 과학과 인간의 갈등관계는 아주 세속적인 면이 있습니다. 로잘린드 프랭클린은 매우 뛰어난 기술을 보유하고 있었으며 X선 해석에서 철저하게 미(美)를 추구했습니다. 샤르가프는 순수한 학문을 하려 했고요. 가장 장사꾼 같은 이들은 왓슨과 크릭이죠. 이들은 여기저기에서 정보를 모으고 보링의 업적도 아들에게서 알아냈죠. 그렇게까지 해서 최종적으로 완성시킨 겁니다. 그런 인간의 삶이랄까, 책략이 나중에 과학에 대한 힘을 가지게 된 셈이죠.

또 하나 예를 들자면 매클린톡이란 아주 존경하는 여성이 있습니다. 그녀는 옥수수에서 움직이는 유전자를 발견했습니다. 구십 평생을 옥수수하고 산 이 여성은 학문이 너무 좋아서 견딜 수 없었습니다. 한때 각광을 받은 적도 있었지만 왓슨에게 철저히 공격당함으로써 마지막에는 혼자가 됩니다. 스승도 사라지고 돈도 잃고만 거죠. 그래도 연구를 계속 할 수 있느냐 하는 게 문제였지만, 그녀는 끝까지 연구했습니다. 그리고 81세에 노벨 생리의학상을 받습니다. 이런 사람의 인생이랄까, 그런 것을 배웠으면 합니다. 책을 읽는 일은 자신을 기르는 일이니까요. 그리고 책을 읽으면서 소통해 줬으면 합니다. 타자와 대화하는 것이죠. 지금 컴퓨터와는 대화할 수 있지만 사람과는 대화할 수 없는 사람이 너무 많습니다.

마지막으로 또 하나, 좀 전에 생물의 다양성이 중요하다고 했는데, 에드워드 윌슨의 『생명의 다양성』이란 책이 있습니다. 이것은 환경과 사회 등 여러 관점을 망라해서 생명을 조명한 책입니다. 다양성 안에서 생명이 어떻게 안정을 유지하는지, 불안정해졌을 때 무엇이 안정성을 지탱해 주는지 등이 주제입니다. 이른바 하나의 사고방식에 이런 다양한 시각을 도입하는 것이 중요하다고 생각합니다.

정리: 개인으로서의 힘

고바야시: 대단히 감사합니다. 선생님들이 젊었을 때 자신의 정신을 어떻게 형성했는지에 대한 이야기까지 듣고 싶었는데, 어느새 시간이 다 되었네요. 정리하자면, 여러분의 이야기는 교양이란 몸에 지녀야 할 필수 아이템 같은 것이 아니라, 결국 개인으로서의 힘이라는 것 같습니다. '교양이란 무엇인가'라는 질문에 대해서는 다양한 사고방식이 있을 수 있겠죠. 하지만 인간이 자유롭게 사고할 수 있는 존재라는 사실을 나름대로의 방식으로 받아들일 수 있게 되는 것, 그 자유를 어떻게 행사해야 하는가에 대해 자각하는 것이 교양이라고 생각합니다. 물론 일반적으로 집단 속에 살면서 알아두지 않으면 안 되는 것이나 여러 가지 규칙 등이 있지만, 교양이라는 단어가 가리키는 것은 그보다는 자신이 개인으로서 어디까지 스스로를 지탱할 수 있는가 하는 것이겠죠. 혹은 자신의 이상을 어떻게 추구하느냐, 몰랐던 것을 알려고 하고 이를 통해 자신의 세계를 어떻게 확대해 나가느냐, 어느 정도 타자나 세계를 이해할 수 있는 능력을 가지느냐, 이런 문제겠죠. 그렇게 하면 최종적으로는 개인의 힘이라는 결론에 도달하지 않을까 싶습니다.

그러면 좀 전에 기바타 선생님께서 자서전이나 전기를 거론하셨고, 아사시마 선생님께서는 훌륭한 개인의 예를 드셨으며, 야마모토 선생님께서는 보다 잘 사는 인간의 모습을 말씀해 주셨는데요. 자신보다 뛰어난, 존경할 만한 사람과 만날 수 있느냐가 열쇠가 됩니다. 개인의 힘을 자각하기 위해서는 개인의 위대함과 만나지 않으면 안 됩니다. 하지만 개인의 위대함이란 무언가를 성취하는 위대함이라기보다는, 그 인간이 무엇을 생각하고 무엇을 믿고 무엇을 고민하고 무엇을 실패했는가 하는 전체적 내면에 대한 존엄에서 비롯됩니다. 그 속에서 스스로 배울 수 있어야 합니다. 그 사람처럼 되기 위해서가 아니라 스스로가 자신의 의미를 만들고, 그 의미를 자신뿐만 아니라 다른 이들을 위해서도 펼칠 수 있는 힘을 개인으로서 가져야 합니다. 바로 이 점을 '깨닫는' 일이 가장 중요하리라 생각합니다.

그런 의미에서 인간의 내면적인 언어능력이랄까요, 사고와 상상력의 과정을 소상히 알 수 있는 책과 꼭 만났으면 합니다. 개인의 저작도 그렇지만 어떻게 살았는가 하는 개인의 일기나 전기 등도 읽어야 합니다. 거기에서 자극을 받아야 합니다. 영화의 주인공과는 다른, 살아있는 인간이 역사 속에서 어떻게 자신의 의미를 발견하려고 몸부림쳤는가를 통찰하는 일이 교양의 가장 궁극적인 핵심이 되리라 믿습니다. 이 정도로 오늘 이야기를 정리하도록 하겠습니다. 정말 수고하셨습니다.

우주를 읽다(사토 가쓰히코가 권하는 책)

• John D. Barrow, *The artful universe*, Clarendon Press, 1995.
• 로렌스 M. 크라우스, 『외로운 산소원자의 여행』, 박일호 옮김, 이지북, 2005.

- 佐藤勝彦, 『宇宙「96%の謎」-最新宇宙學が描く宇宙の眞の姿』(사토 가쓰히코, 『우주 '96%의 수수께끼'-최신 우주학이 보여주는 진정한 우주의 모습』), 實業之日本社, 2003.
- 스티븐 호킹, 『호두껍질 속의 우주』, 김동광 옮김, 까치, 2001.
- 프리먼 다이슨, 『무한한 다양성을 위하여』, 신중섭 옮김, 범양사, 1991.
- John D. Barrow, *The Universe That Discovered Itself*, Oxford University Press, 2000.
- 브라이언 그린, 『엘러건트 유니버스: 초끈이론과 숨겨진 차원, 그리고 궁극의 이론을 향한 탐구 여행』, 박병철 옮김, 승산, 2002.
- Chris Stringer and Robin McKie, *African Exodus*, Cape, 1996.
- Victor S. Johnston, *Why We Feel: The Science of Human Emotions*, Perseus Books, 1999.
- 칼 세이건 · 앤 드루얀, 『잃어버린 조상의 그림자: 칼 세이건과 함께 떠나는 인류사 탐험』, 김동광 · 과학세대 공역, 고려원미디어, 1995.

생명을 읽다(아사시마 마코토가 권하는 책)

- 찰스 다윈, 『종의 기원』, 박영목 · 김영수 공역, 한길사, 1994.
- Richard Dawkins, *Unweaving the Rainbow: Science, Delusion and the Appetite for Wonder*, Houghton Mifflin Company, 1998.
- 마틴 가드너, 『마틴 가드너의 양손잡이 자연세계』, 과학세대 옮김, 까치, 1994.
- 막스 베버, 『직업으로서의 학문: 직업으로서의 정치』, 이상률 옮김, 문예출판사, 1994.
- 和辻哲郎, 『古寺巡礼』(와쓰지 데쓰로, 『고사순례』), 岩波文庫, 1979.
- J. D. 왓슨, 『이중나선: 핵산의 구조를 밝히기까지』, 하두봉 옮김, 전파과학사, 1996.
- 이블린 폭스 켈러 지음, 『생명의 느낌: 유전학자 바바라 매클린톡의 전기』, 김재희 옮김, 양문, 2001.
- 리처드 도킨스, 『이기적 유전자』, 홍영남 옮김, 을유문화사, 2002.
- 에드워드 윌슨, 『생명의 다양성』, 황현숙 옮김, 까치, 1995.
- Otto Mangold, *Hans Spemann: ein Meister der Entwicklungsphysiologie, sein Leben und sein Werk*, Wissenschaftliche Verlagsgesellschaft, 1954.
- 金子邦彦, 『生命とは何か〔複雑系生命論序説〕』(가네코 구니히코, 『생명이란

무엇인가〔복잡계 생명론 서설〕』, 東京大學出版會, 2003.

• Erwin Chargaff, *Heraclitean Fire: Sketches from a Life Before Nature*, Rockefeller UP, 1978.

역사를 읽다(기바타 요이치가 권하는 책)

• E. H. 카, 『역사란 무엇인가』, 김승일 옮김, 범우사, 1998.
• 마르크 블로크, 『역사를 위한 변명』, 고봉만 옮김, 한길사, 2000.
• 칸트, 『영구평화를 위하여』, 정진 옮김, 정음사, 1974.
• 에리히 레마르크, 『서부전선 이상 없다』, 박환덕 옮김, 범우사, 1992.
• 家永三郎, 『戰爭責任』(이에나가 사부로, 『전쟁책임』), 岩波現代文庫, 2002.
• 板垣雄三, 『歷史の現在と地域學－現代中東への視角』(이타가키 유조, 『역사의 현재와 지역학－현대중동에 대한 시각』), 岩波書店, 1992.
• 에드워드 사이드, 『오리엔탈리즘』, 박홍규 옮김, 교보문고, 2002.
• J. A. 홉슨, 『제국주의론』, 신홍범 옮김, 창작과 비평, 1982.
• 網野善彦, 『日本論の視座－列島の社會と國家』(아미노 요시히코, 『일본론의 시각－열도의 사회와 국가』), 小學館, 2004.
• 鹿野政直, 『「鳥島」ははいっているか－歷史意識の現在と歷史學』(가노 마사나오, 『'도리시마'는 들어가 있는가－현재의 역사의식과 역사학』), 岩波書店, 1988.
• J. S. 밀, 『존 스튜어트 밀 자서전』, 배영원 옮김, 범우사, 1998.
• 淸澤洌, 『暗黑日記 1942~1945』(기요사와 기요시, 『암흑일기 1942~1945』), 岩波文庫, 1990.
• 조지 오웰, 『동물농장』, 『1984년』, 김희진 옮김, 범우사, 1998.
• 臼井吉見, 『安曇野』(우스이 요시미, 『아즈미노』), 筑摩文庫, 1987.

인간을 읽다(야마모토 야스시가 권하는 책)

• 메를로 퐁티, 『지각의 현상학』, 류의근 옮김, 문학과 지성사, 2002.
• 石原吉郎, 『石原吉郎詩集』(이시하라 요시로, 『이시하라 요시로 시집』), 現代詩文庫, 1969.
• Lewis Thomas, *The Fragile Species*, Maxwell Macmillan, 1992.
• Norma Field, *From My Grandmother's Bedside: Sketches of Postwar Tokyo*, University of California Press, 1997.
• 서경식, 『소년의 눈물: 서경식의 독서 편력과 영혼의 성장기』, 이목 옮김, 돌

베개, 2004.

- J. 버져, 『어떻게 볼 것인가』, 하태진 옮김, 현대미학사, 1995.
- 밀란 쿤데라, 『웃음과 망각의 책』, 정인용 옮김, 문학사상사, 1996.
- Edward W. Said, *Out of Place: A Memoir*, Vintage Books, 2000.
- 武田百合子, 『富士日記』(다케다 유리코, 『후지 일기』), 中公文庫, 1997.
- 루쉰, 『아Q정전: 루쉰 소설선』, 전형준 옮김, 창작과 비평사, 1996.

미(美)를 읽다(고바야시 야스오가 권하는 책)

- 矢内原伊作, 『ジャコメッティとともに』(야나이하라 이사쿠, 『자코메티와 함께』), 筑摩書房, 1969.
- Felix Klee edited. *The diaries of Paul Klee*, 1898~1918, University of California Press, 1968.
- John Rewald ed. *Correspondance / Paul Cezanne; recueillie*, B. Grasset, 1978.
- 土方巽, 『土方巽全集』(히지카타 다쓰미, 『히지카타 다쓰미 전집』), 河出書房新社, 1998.
- 武満徹, 『樹の鏡, 草原の鏡』(다케미쓰 도오루, 『나무의 거울, 초원의 거울』) 新潮社, 1975.
- ドウス昌子, 『イサム・ノグチ―宿命の越境者』(도우스 마사코, 『이사무 노구치―숙명의 월경자』), 講談社文庫, 2003.
- 安藤忠雄, 『連戦連敗』(안도 다다오, 『연전연패』), 東京大學出版會, 2001.
- 『古今和歌集』(『고금화가집』), 講談社學術文庫, 1979.
- Dominique Fourcade ed. *Écrits et Propos sur l'art / Henri Matisse*, Hermann, 1972.
- 프란츠 카프카, 『카프카 전집』, 솔, 2001.
- 발터 벤야민, 『베를린의 유년 시절』, 박설호 옮김, 솔, 1992.
- 志村ふくみ, 『一色一生』(시무라 후쿠미, 『일색 일생』), 講談社社文藝文庫, 1994.
- 篠田桃紅, 『桃紅―私というひとり』(시노다 도코, 『도홍―나라고 불리는 한 사람』), 世界文化社, 2000.
- Mauris Blanchot, Ann Smock trans. *The space of literature*, University of Nebraska Press, 1989.
- 가스통 바슐라르, 『공간의 시학』, 곽광수 옮김, 동문선, 2003.

분야(分野)를 나누기 전에

가네코 구니히코(金子邦彦)

1년 반 정도 전에 『생명이란 무엇인가』라는 책을 출판했는데 신기하게도 10대와 명예교수급 분들에게서 평판이 좋았습니다. 어떤 대학생이 말하기를 '생물학 책이라고 생각하고 읽으려 했더니 읽기 어려웠는데, 물리책이라고 생각하고 읽었더니 재미있었다'라는 것입니다. '어떤 분야'라는 고정관념을 가지면 사고방식이 좁아지는 반면, 고정관념에서 벗어나기 쉬울수록 (쉬운 세대일수록) 솔직하게 흥미를 가질 수 있었던 것은 아닐까요. 그런데 도대체 분야란 무엇일까요? 경제학자이자 인지과학자이며 인공지능연구자이기도 한 허버트 사이먼은 자서전 『내 인생의 모델 Models of My Life』에서 말합니다. '학문분야는 국가와 마찬가지로 한정합리성(限定合理性)밖에 가지지 못하는 인간에 대해서, 목표를 단순화시켜 계산할 수 있는 형태로 사람들의 선택 방법을 바꾸어 버리는 필요악이다. (중략) 그러므로 세계는 새로운 지식을 어떤 나라에서 다른 나라로 옮기는 국제적이고 학제적인 여행자를 필요로 하지 않을 수 없다.'

생각해 보면 학문이 나뉜 것은 최근 일입니다. 학과를 나누는 법, 고등학교에서 물리, 화학, 생물, 지구과학을 나누는 방법도 편의적인 것입니다. 최근 '학제연구(學際研究)'라고들 하는데 원래 우리가 추구하려는 자연, 생명, 사회현상이란 '이것은 ○○ 분야입니다'라고 선언하면서 존재하는 게 아닙니다. 그리고 교양은 분야 이전에 당연히 있어야 하는 것이지요. 여기에서 그런 분야의 틀에 얽매이지 않고 지적으로 즐길 수 있는 책 3권을 소개합니다.

- Manfred Eigen and Ruthild Winkler; translated by Robert and Rita Kimber, *Laws of the Game: How the Principles of Nature Govern Chance*, Princeton, N.J.: Princeton University Press, 1993.
- 그레고리 베이트슨, 『마음의 생태학』, 박대식 옮김, 책세상, 2006.
- 제러드 다이아몬드, 『총, 균, 쇠 *Guns, Germs, and Steel*』, 김진준 옮김, 문학사상사, 2005.

(도쿄대학 총합문화연구과 교수. 상관기초과학 전공)

과학적으로 생각하기 위하여

구로다 레이코(黑田玲子)

과학기술이 급속히 발전해서 원하든 원하지 않든 사회 속으로 침투해 온 현대사회에서는, 과학기술과 직접 관련되지 않은 사람들도 과학기술의 기초지식을 가지고 과학적인 사고방식(예를 들면, 세상사에는 회색지대가 있다는 것, 유일하며 절대적인 해답은 없다는 것, 개인과 전체의 관계, 손해 위험(risk)과 이익(benefit)의 관계, 확률과 평균의 의미, 통계의 근거에 대한 이해, 정량적(定量的) 사고방식 등)을 익힐 필요가 있습니다.

어려운 일이지만 이를 위한 책을 몇 권 들어봅시다. 먼저, 제가 영향을 받은 책 중 하나는 레이첼 카슨의 『침묵의 봄』입니다. 앨버트 슈바이처에게 바치는 이 책은 DDT가 먹이사슬을 매개로 지구 규모로 생명의 사멸을 일으킨다는 사실을 밝히고 세상에 호소했습니다. 인간과 자연의 바람직한 관계를 고찰한 책인데요. 그런 것은 그녀의 두 번째 저서인 『자연, 그 경이로움에 대하여』에 한층 더 잘 나타나고 있습니다. 또 과학의 세계적 거장인 마리 퀴리, 마이클 패러데이, 루이 파스퇴르의 전기를 읽는 것도 좋으며, BBC 라디오 방송에 사용된 현존하는 일류 연구자 23인의 취재를 정리한 루이스 월퍼트, 앨리슨 리처드 공저의 『과학의 정열: 우리 시대 최고의 과학자 23인과의 대화』도 과학자의 본 모습을 알 수 있어서 흥미롭습니다. 같은 취지에서 많은 노벨상 수상자들을 포함한 저명한 과학자들을 헝가리의 과학자 I. Hargittai가 직접 취재한 책 『솔직한 과학(Candid Science)』 전 3권이 Imperial College Press에서 출판되었습니다. 영어가 능숙한 분이라면 추천합니다.

(도쿄대학 총합문화연구과 교수. 생명환경과학 전공)

교양의 또 다른 세계

교양의 또 다른 세계

1. 고전의 힘 *

독서의 법은 마땅히 맹자의 삼언(三言)을 스승으로 삼을지어다. 말씀하시기를 '의(意)로써 지(志)를 거슬러 갈 것이며, 말씀하시기를 쓰여 있는 것을 모두 믿지 말 것이며, 말씀하시기를 사람을 알고 세상을 논하는 것이다' 라고 하였다.

—사토 잇사이(佐藤一齋), 『언지사록(言志四錄)』

우리들 곁에는 이야기를 나누어도, 나누어도
싫증나지 않는 친구가 있습니다.
그들은 음으로 양으로 성실하게 신뢰할 수 있는 이들입니다.
모두, 과거의 지식을 우리에게 가르쳐줍니다.
의견, 교양, 명예, 위엄 모든 것을
그들이 '죽은 자' 로 불린다고 해서 틀리지 않습니다.
또 만약에 '살아있는 인간' 으로 불린다고 해서
거짓인 것도 아닙니다.

---

* 야마우치 마사유키(山內昌之), 도쿄대학 총합문화연구과 교수. 지역문화연구 전공

어느 날 이슬람의 최고 권력자 칼리프는 말 상대를 위해 한 학자의 처소로 심부름꾼을 보냈습니다. 그러자 학자는 지금 현자(賢者)들과 한창 이야기를 나누고 있으니 이 일이 끝나는 대로 찾아 뵙겠다고 전하라며, 그 최고 권력자에게 바로 가지 않았습니다. 칼리프는 그 현자가 누구냐고 물었고 심부름꾼은 학자 옆에는 아무도 없었으며 책을 쌓아둔 채 오로지 책읽기에 빠져 있었다고 고했습니다. 화가 난 칼리프의 명에 의해 강제로 끌려온 학자는, 칼리프의 힐문에 대한 답으로 '친구'에 관한 앞의 시를 독송했습니다. 칼리프는 '친구'란 책을 뜻한다는 것을 알고 나서는 늦게 찾아온 무례를 책망하지 않았다고 합니다.

이븐 아티크타카(1262년경~?)의 『알파크리―이슬람의 군주론과 제왕조사』에 소개된 이 일화는, '지식이 있는 자와 없는 자가 같다고 할 수 있는가'(코란 39:9)라는 분위기가 지배하던, 지식의 가치를 믿어 의심치 않았던 이슬람 번성기에 잘 어울리는 이야기입니다. 예언자 무함마드 또한 '참으로 천사들은 그 날개를 지식을 구하는 자 위에 펼쳐준다'라고 말했다고 합니다.

이븐 아티크타카는 14세기 이라크 시아파의 지도자였던 인물이긴 하나, 책과 지식의 가치에 관한 그의 발언은 현대에도 통하지 않을까 합니다. 책은 '속이지 않고, 피곤하게 하지 않고, 가령 소홀히 취급한다고 해도 불평하지 않고, 책 읽는 이의 비밀을 폭로하는 일도 없는, 곁에 있는 친구'라는 말에는 많은 이들이 공감할 것 같습니다. 무엇보다도 이븐 아티크타카의 언설은 20세기의 분석철학자 칼 포퍼의 지적과 거의 일맥상통한다고 할 수 있습니다.

읽는다는 것, 그리고 중요도는 떨어지지만 쓰는 것을 배우는 일은 말할 필요도 없이 인간의 지적 발달에 있어서 중대한 사건이다. 이것에 필적할 만한 것은 없다.

—칼 포퍼, 『끝없는 탐구(*Unended Quest*)』

또 독서는 올바른 통치를 하기 위해 필요한 군주의 조건이기도 했습니다. 그들이 중시한 것은 민심을 깊이 통찰하고 옳은 논거(論據)에 기초하여 정치를 행한 후에는, '학문에 눈을 돌리고, 고귀한 자들이 쓴 책을 읽는 것'이었습니다. '지식에 가치가 있다는 것은 마치 아침에 해가 뜨는 것처럼 명백한 사실이므로 의문의 여지가 전혀 없다'라고 이븐 아티크타카는 말했습니다.

이러한 독서의 효용은 옛 군주나 정치가의 경우에만 해당되는 것이 아닙니다. 예를 들어 오늘날 우리가 역사책을 펴서 읽는 것은, 현대의 성격을 이해하고 미래의 나아갈 바를 생각할 수 있는 풍부한 실마리를 얻기 위함입니다. 독서를 통해 무언가를 얻고자 한다면 공리적(功利的)이며 미심쩍다는 비판을 받을 수도 있을 것입니다. 독서는 그 자체로도 즐거운 교양의 식량이 된다는 신념은 결코 틀리지 않습니다. 그러나 대학은 학자나 문학가만을 키우는 장소가 아닙니다. 관공서나 기업을 비롯하여 자영업에 이르기까지, 폭넓게 세상에 인재를 공급하는 장소기도 합니다. 독서는 많은 학생들의 직업 선택에 도움을 줄 뿐만 아니라, 자신이 선택한 직업에 대해 나아지고자 하는 마음으로 이어지는 교양을 함양하는 기회입니다. 이 점에서 필자는 교양과 독서의 관계에 대해서 다소 보수적인 생각을 가지고 있는지도 모르겠습니다. 니콜로 마키아벨리는 『군주론』에서 이렇게 주장했습니다.

세상의 식자(識者)는 장래의 일을 미리 알려고 한다면 과거로 눈을 돌려야 한다고 말한다. 이 발언은 도리에 맞는 것이다. 왜냐하면 시대를 불문하고 이 세상의 모든 일은 과거에 매우 닮은 선례를 갖고 있기 때문이다. 즉 인간은 행동할 때 항상 같은 욕망에 따라 행동하기 때문에 같은 결과가 나타나는 것은 당연하다.

마키아벨리는 지도자가 정치나 외교행위를 할 때 과거와 동일한 욕망에 자극받아 움직인다는 공리(公理)를 말하면서, 과거에서 배울 것을 촉구했습니다. 이것은 국왕이나 귀족이 정치를 담당했던 시대에만 해당하는 이야기는 아닙니다. 오히려 부르봉 왕조 시기 태양왕 루이 14세(1638~1715년)의 총애를 받았던 신하 프랑수아 드 칼리에르(1645~1717년)는 '사실(事實)이나 역사에 밝다는 것은 유능한 교섭가가 되기 위한 아주 중요한 소양 중 하나다'라고 말했습니다. (『어느 원로 대신의 협상에 관한 충고(*On the Manner of Negotiating with Princes*)』) 이 말은 현대사회에서 외교나 행정뿐만 아니라 교섭 업무에 관계된 사람들에게도 유익한 가르침이 될 만합니다. 추상적인 이치라는 것은 불확실한 일이 종종 있기 때문이라고 칼리에르는 말하고 있습니다. 대부분의 인간은 전례에 따라서 행동하고, 자신이 어떤 경우에 직면했을 때 과거에는 어떠했는가를 기준으로 신중하게 결단을 내립니다.

이와 같은 감각은 막부 말기의 쇼헤이코(昌平黌, 막부 직속의 학교)의 유명한 유관(儒官)인 사토 잇사이의 『언지사록』에 나오는 언설과도 통하는 면이 있습니다. '나는 글을 읽을 때 한 번은 옛날 성현호걸(聖賢豪傑)의 몸과 혼이 모두 죽었음을 생각하면 언제나

머리를 숙이고 비통해하고, 한 번은 성현호걸의 정신이 여전히 살아있음을 생각하면 언제나 눈을 뜨고 분흥(憤興)한다.' 이는 필시 다음과 같은 의미가 아닐까요. '나는 독서를 할 때 옛 성인이나 현인, 호걸의 몸과 혼이 모두 죽었다는 것을 생각하면서 고개를 떨군 채 슬퍼한다. 그러나 그들의 정신이 지금도 살아있다는 것을 생각하면 눈이 떠지고 마음을 굳게 먹고 분발하게 된다.'

　세상일이란 곰곰이 생각해 보면 모두 교섭이나 판단의 문제라고 해도 좋을 것입니다. 일을 성공시키기 위해서는 냉정하게 현실 감각을 발휘해야 할 필요가 있습니다. 이 리얼리즘의 정의와 해석에 대해서 사람들의 생각도 나뉩니다. 우선 이 차이를 이해할 수 있는 것도 독서의 효용이라 할 수 있을 것입니다. 예를 들면 나만의 주관적인 생각일지 모르겠지만, 고대 그리스 철학자 플라톤(BC 428~347년)의 『국가』는 현실의 국가가 직면한 정책이나 이념, 정치가의 고뇌를 생각해 볼 때 너무도 냉엄한 정치의 리얼리티와 유리되어 있는 것처럼 보입니다. 다카다 야스나리(高田康成)는 자신의 책 『키케로』에서 플라톤이 말하는 '자기 자신 속에 내재' 하는 국가의 '정치' 라는 사상(事象)은 본래의 '정치' 를 뜻하는 것이 아니며, '인간은 정치적 동물' 이라고 할 경우의 '정치적' 이라는 함축에도 들어맞지 않는다고 간파하고 있습니다. 실제로 키케로(BC 106~43년)의 『국가에 관하여』를 읽으면 그의 현실감각이 플라톤보다 특출했다는 것을 알 수 있습니다. 이것은 키케로가 로마 공화정기의 정치가자 웅변가며, 기원전 56년 카이사르에 의한 삼두정치의 성립 이전에 집정관(consul)에까지 올랐다는 현실정치와의 긴장감 넘치는 관계와도 무관하지 않습니다. 국가의 정치 활동을 현세의 가치판단으로 평가하는 것을 거부하고 지상의 어디에도 존재하지 않는 이상향을 그리며 현실에 존재하는 국가를 부정하는 사람들은, '시세(時勢)'나 '부득이한 사정'에 의해 강요되지 않는 한 국정에 참여하지 않아도 좋다는 (키케로가 비판하는) 논의를 먼저 회의적으로 볼 필요가 있지 않을까 합니다.

키케로는 '바다가 잠잠할 때 키를 잡을 수 없다고 말하는 자가 큰 파도가 밀려올 때 키를 잡겠다고 약속하는 것만큼 이상한 것은 없다'고 쓰고 있습니다. 왜냐하면 국가의 확립이나 유지의 원칙을 배우지 않고 가르치지도 않겠다고 공언하며 자랑마저 해 온 것이 바로 이러한 학자들이기 때문입니다. 키케로는 현실의 정치를 학자나 현자가 아닌 '그 분야에 경험 있는 자'들에게 맡겨야 한다며, 현실을 기피하는 학자들의 모순을 가차없이 지적했습니다. 이 점에 관한 키케로의 야유는 통렬하기 그지없습니다.

그렇다면 비상사태를 맞은 부득이한 때에 처음으로 국가에 진력하겠다고 약속하는 것과 어째서 모순되지 않는가? 그들은 위기가 닥치지 않을 때 국가를 다스리는 것이 훨씬 용이함에도 그 소양을 알지 못하기 때문이다.

—『국가에 관하여』 1권 6장

현자가 앞장서서 국정에 관여하는 일은 없을지도 모릅니다. 그러나 시세가 불가피할 경우 국정에 봉사할 의무를 거절하지 않는다고 한다면 국정에 관한 지식을 소홀히 해서는 안 됩니다. 이것은 현실 정치에 종사하는 사람들을 평론(評論)이나 이상(理想)이라는 제삼자적 입장에서 초월적으로 비판하려는 일부 현대인에게도 스스로 경계할 수 있는 말이 되어야 합니다. 키케로가 국가를 정의

(正義)의 중심에 놓고 있는 것은 '새로운 나라를 건설하는 것, 혹은 이미 건설된 나라를 지키는 것만큼 인간의 덕(德)이 신의 뜻에 가까워질 수 있는 것은 없다'(『국가에 관하여』 1권 7장)라는 지적에서도 확인할 수 있습니다. 현대인의 감각으로 보자면 키케로는 국민의 권리를 무시한 국가지상주의자처럼 비쳐질지도 모르겠습니다. 그러나 그가 왕정·과두정·민주정의 혼합정체(混合政體)에서 이상적인 통치구조를 찾아낸 것에서 알 수 있듯이, 국민의 권리와 집단성이 가지는 적극적인 의미를 충분히 자각하고 있었다는 점 또한 잊어서는 안 됩니다.

독서를 한다고 해서 키케로의 수사법을 바로 배워 현실감각을 습득할 수 있을 리 만무합니다. 풍부한 자질은 하루아침에 얻을 수 있는 것이 아니기 때문이죠. 그러나 타자가 무엇인가를 물어 올 때 거기에 대해 적절한 대답을 하기 위해서는 교양이나 지식을 효과적으로 응용하는 재치가 필요합니다. 그것을 가능하게 하는 하나의 길이 독서를 통해 지식을 쌓는 것입니다. 이를 위해서는 상응하는 암송 노력도 요구됩니다. 칼리에르는 무학(無學)인 사람보다 문인(文人)이 더 유능한 교섭가가 될 수 있다고 말하고 있습니다. 이말은 관공서, 기업, 자유업을 불문하고 어떤 직업에서든 성공하는 사람들의 조건과 들어맞는 게 아닐까요? 자신의 생각을 정확하고 알기 쉽게 설명하고 명료하게 쓰기 위해서는 학생 시절부터 착실한 독서체험을 쌓아놓아야만 합니다.

이를 위해서 어느 정도 체계적으로 독서를 할 필요가 있습니다. 바로 이때 고전이라고 불리는 문헌이 도움이 됩니다. 선인의 지혜가 살아있기 때문입니다. 가령 일본사에서 간세이(寬政)의 개혁으로 이름 높은 마쓰다이라 사다노부(松平定信, 1758~1829년)는 자

손에게 주는 지침으로 쓴 자서전 『우게노히토코토 (字下人言)』에서 다음과 같이 자신의 독서력을 밝히고 있습니다. 지금 세상에 보면 별세계와 같은 면도 없지 않지만 일단 귀를 기울여 봅시다. 사다노부는 7세 때 『효경(孝經)』을 읽고 8, 9세가 되어서는 『대학(大學)』 등을 배웠다고 회상하고 있습니다. 11세부터는 '치국의 도(道)'를 적극적으로 배우기 위해서 떠오른 구상을 스스로 메모하고 그림으로도 표현했다고 합니다. 그리고 12세 때는 『자교감(自教鑑)』을 썼다고 적고 있습니다. 『자교감』은 인륜의 도를 비롯하여 군주가 힘써야 할 의무 등에 대해 쓴 책입니다. 이 글을 씀으로써 스스로 경계하는 마음가짐을 가졌다고 하니, 시대의 차이를 무시하고 생각해 봐도 대단한 기량이 아닐까요.

이에 기뻐한 아버지 다야스 무네타케(田安宗武)는 사다노부에게 상으로 『사기(史記)』를 주었다고 합니다. 지극히 당연한 일일 것입니다. 마쓰다이라 사다노부의 이야기 중에서 그가 13세 때 『후한서(後漢書)』의 「진번전(陳蕃傳)」을 읽고 무릎을 치며 분발했다는 유명한 일화가 있습니다. 그 내용은 15세 소년인 진번의 방을 아버지의 친구가 방문했다고 합니다. 손님을 맞이하는데 방이 더럽다고 힐책당하자, 진번은 '대장부는 한번 세상에 나가면 천하를 청소하는데, 어째서 방 하나 같은 것을 청소하겠는가'라고 답했다고 합니다. 마쓰다이라는 이 고사에 매우 감동받았던 듯합니다. 12세 때부터 '통속서'도 읽은 듯하지만, 통속서는 거짓이 많다는 말을 듣고 그만두었다는 대목은, 현재의 우리들과 달리 근엄한 마쓰다이라 사다노부의 독서 개성이 잘 드러나 있습니다.

실제로 사다노부의 엄격한 관정이학(寬政異學)의 금령(유학 통제책)을 받아들인 사토 잇사이도 거의 같은 말을 하고 있습니다.

'패관, 야사, 전설, 극본 등은 음란하니, 상스러운 음악이나 미인과 마찬가지로 멀리해야 할 것이다' 라는 것입니다. 젊은 시절 이러한 책을 좋아하여 읽었으나 지금에 이르러서는 '후회막급' 이라고까지 자신을 책망하고 있습니다(『언지사록』).

나는 저 근실한 요시다 쇼인(吉田松陰, 1830~1859년)조차도 시모다(下田) 항구에서 몰래 배를 타고 미국으로 밀항하려다 감금되었을 때 무료함을 달래기 위해 통속 역사물을 읽고 즐겼다는 에피소드가 더 끌립니다. 그러고도 '오늘날의 독서야말로 진정한 학문을 전해주는 자다' 라고 말하는 성실한 점이 좋습니다(『강맹여화(講孟余話)』).

물론 에도시대와 현대는 독서의 목적과 효용이 다르죠. 그러나 인생이나 학문의 양식을 얻기 위해 책을 접한다는 기본은 변하지 않을 것입니다. 마쓰다이라 사다노부나 요시다 쇼인의 시대에는 독서가 교양이나 지식을 얻는 수단이자 인생수양을 위한 소재기도 했습니다. 그렇기 때문에 인생의 단계나 연령에 따라 읽어야 하는 책이 암묵적으로 정해져 있었습니다. 이런 점에서 보자면 마쓰다이라 사다노부가 말한 '통속서' 를 보는 것은 고사하고, 인터넷이나 애니메이션, 만화로 자라난 현대 젊은이들의 개성은 두드러집니다. 그러나 독서 그 자체가 무상의 기쁨을 전해 주는 엔터테인먼트라는 점에서, 사다노부나 쇼인의 시대와 비교해 보아도 본질적으로는 차이가 없습니다. 이 두 사람과 요즘 학생들이 처한 조건에는 공통점과 차이점이 하나씩 있습니다.

공통적인 것은 사다노부나 쇼인이 중국의 경서 등 고전을 읽은 것처럼 지금 학생들에게도 '고전' 이라고 불리는 책을 접할 기회가 널리 주어져 있으며 즐기면서 읽을 수 있다는 점입니다. 덧붙이자면 에도시대까지의 일본인이라면 일본의 이야기책을 힘들이지 않고 즐길 수 있었다는 것입니다. 『이세 모노가타리(伊勢物語)』는 매실과 같고, 『겐지 모노가타리(源氏物語)』는 벚꽃과 같으며, 『사고로모 모노가타리(狹衣物語)』는 황매화를 보듯 했고, 『쓰레즈레구사(走然草)』는 '구스다마(갖가지 향료를 채운 비단 주머니에 약초와 조화로 장식하여 오색 실을 길게 드리운 것, 옮긴이)로 만든 꽃'과 같다고 하면서 고전 문학을 가까이 하며 아껴 왔던 국민이기 때문입니다.

지금 우리들이 '고전을 읽는다'고 하면 기원전 그리스 철학이나 헤이안시대의 일본문학 혹은 중국의 사서를 읽는 것만을 가리키는 것은 아닙니다. 현대에도 인간의 사색의 깊이, 실천의 고뇌를 해부하기 위해 역사, 철학, 문학 등 각 장르의 정평 있는 책을 넓은 의미에서 '고전'이라 부를 수 있을 것입니다. 기원전 6세기 아테네의 독재자 페이시스트라토스(BC 600~527년)가 호메로스의 서사시를 파피루스에 옮겨 적게 했다는 일화가 생각납니다. 호메로스의 책을 읽는 것이 사람들에게 오락이 되었던 것처럼 우리들에게도 오락이 되는 고전의 독서가 있을 것입니다.

호메로스의 시는 최초의 교과서가 되었고 습자나 작문 연습의 교본이 되었다고 합니다. 실제로 소설 『오딧세이아』는 사람들을 즐겁게 해 주었습니다. 이 일화는 현재 우리들에게 난해한 무라사키 시키부(紫式部)의 『겐지 모노가타리』조차, 헤이안시대의 일본인에게는 더없이 즐거운 소설이었다는 것을 상기시켜 줍니다. 결국 아테네 사람들은 문자문학(文子文學)의 제자로 성장했던 것입니다. 아테네 시민의 독서능력이 향상됨으로써 예술에 대해서도 헤아릴 수 없이 많은 영향을 끼쳤습니다. 그뿐만이 아닙니다. 시민의 독서욕은 예술가의 창작의욕을 북돋았고, 아이스큘로스 등 3대 비극시인의 명희곡을 낳았습니다. 다시 한 번 철학자 칼 포퍼의 표현을 빌리자면, 서적 시장의 확대를 받쳐주었던 '아테네의 문화적 기적' 이야말로 민주주의를 발전시킨 원동력이 되었다고 해도 좋을 것입니다.

양쪽의 다른 점이라면 현대에는 사다노부나 쇼인의 시대에는 없었던 특성이 있습니다. 그것은 현재 우리가 알고 있는 문명권이 훨씬 넓어졌다는 점입니다. 인터넷이나 전자메일로 많은 정보를 접할 수 있게 된 현대인이라면, 제한된 일부의 문명이나 지역을 아는 것만으로 만족하는 독서는 피하기 바랍니다. 학생 여러분의 영어 실력 향상 등을 통해 영미권의 지식을 넓히는 데 관해서는 염려하지 않습니다. 오히려 제 나라의 역사나 문화에 관한 관심이 부족한 것이 걱정입니다. 세계화 시대에 우리가 외국에 나갔을 때, 외국인들이 물어 오는 것은 대부분 모국에 관해서입니다. 그럴 때 '우리의 역사나 문학은 학교에서 배우지 않았다' 라던가 '대학 시험에 필요하지 않아서 잘 모른다' 라는 대답은, 만약 상대가 지적인 외국인이라면 통용되지 않을 것입니다.

염려스러운 마음에 한마디해 둔다면 지식인이나 대학교수라고 불리는 사람들이 서양의 지식에 편중된 것은 현대 사조(思潮)의 특징이라고 할 수 있겠습니다. 이토 진사이(伊藤仁齋)의 아들 바이우(梅宇)는 중국과 일본의 조화를 지향한 18세기 초의 유학자입니다. 그는 일본의 문인이 일본을 중국의 가신(家臣)인 양 생각하는 것은, 유소년기부터 경서의 뜻은 생각하지 않고 소리내어 읽기만 한 데다가 『사기』, 『춘추좌씨전』에 이르러서는 중국 것만 듣고 눈에 담기 때문이라고 쓰고 있습니다. 또한 우물 안 개구리가 바다를 모르는 것과 마찬가지로 일본 사정에 어두운 인간을 기른다고 탄식합니다. '하나부터 열까지 중국에 복종하여 제 나라를 가벼이 업신여기는 것, 이 모두가 편견의 누습이다' 라는 지적에서 중국을 서양이라는 말로 바꿔본다면 지금 일본의 교육과 지식 체계의 문제점이 드러나지 않을까요(이토 바이우, 『견문담총(見聞談叢)』).

문과계 학생조차도 중국이나 한국 등 아시아에 관한 지식이 부족한 점은 염려스럽습니다. 희망을 말하자면 일본 · 중국 · 서양의 문헌을 균형있게 접했으면 합니다. 거기에 주관적인 바람을 조금 더 말하자면, 이슬람이나 힌두이즘에 관련된 풍부한 문헌도 접했으면 하는 것입니다. 일본 · 중국 · 서양 · 힌두이즘 · 이슬람이라고 하면 왠지 고색창연하게 생각하거나 의아하게 생각하는 사람들이 많을지 모르겠습니다. 그러나 모든 사람들에게 라틴어나 산스크리트어, 아라비아어를 공부하라는 건 아닙니다. 나부터도 혼자 힘으로 읽을 수 있는 외국어란 정말로 제한되어 있으니까요.

특별한 전문 영역에 뜻을 두고 있지 않다면 일일이 외국어나 고전어를 공부할 필요는 없을 것입니다. 이 점이야말로 일본문화의 훌륭한 부분입니다. 케사르의 전기(戰記), 예언자 무함마드의 언행록(言行錄)은 물론이고 불교의 경전부터 산스크리트 문학까지 전문 학자들에 의한 정확한 번역이 있으며, 게다가 문고본으로 쉽게 읽을 수 있습니다. 이런 점에서 일본의 대학생은 서양의 젊은이들에 비해 매우 혜택받은 환경에 놓여 있다고 할 수 있습니다. 또한 외국인 학생들도 일단 일본어를 배우고 나면 세계의 고전이나 명작을 쉽게 읽을 수 있게 되는, 일본어의 숨겨진 범용성(汎用性)을 꼭 재인식하고 활용해 주기를 바랍니다.

대학생 여러분께 말해 두고 싶은 것은, 교육 커리큘럼의 탓도 있지만 초등학교부터 고등학교까지 점점 경시되어 온 고문, 한문을 비롯한 일본어로 된 문화세계의 매력을 체계적으로 알기에는 대학이 마지막 기회라는 사실입니다. 21세기의 일본인은 모리 오가이(森鷗外)나, 나쓰메 소세키(夏目漱石) 등 일본·중국·서양의 세계를 자유자재로 구사했던 선인의 문화적 향기를 자랑으로 여겨야 합니다. 『묵동기담』이나 『비온 뒤』를 쓴 나가이 가후(永井荷風)는 메이지유신에 따른 근대화, 산업화를 전통문화의 부정으로 보고, 예로부터 내려온 문예나 학술을 파괴해 버린 사쓰마(薩摩), 조슈(長州)의 하급 무사단의 교양을 탄식한 적이 있습니다.

가후는 '에도 전래(傳來)의 취미성(趣味性)은, 규슈(九州)의 하위 무사계급의 정서가 지배하던 속악하고 난잡한 '메이지(明治)'와 일치되지 못한 채' 끝나버렸다고 합니다(「深川の唄」川本三郎編『荷風語錄』「심천의 노래」 가와모토 사부로 편 『가후어록』) 岩波現代文庫, 2000). 다음과 같은 가후의 판정은 나에게는 매우 흥미롭습니다.

현대의 어떤 비평가는 내가 예술을 사랑하는 것은 파리를 보고 왔기 때문이라고 생각할지 모른다. 그러나 애초에 파리의 예술을 사랑한 그 정열, 그 환희의 근본적인 힘을 내게 주었던 것은, 프랑스인이 사라 베르나르(Sarah Bernhardt)를 대하고, 이탈리아인이 엘레오노라 듀제(Eleonora Duse)를 대했던 것처럼, 반도 미쓰에(坂東美津江)나 도키와즈 긴조(常磐津金藏)를 숭배하던 당시 젊은 이들의 넘쳐흐르는 열정에 대한 감화에 다름 아니다. 우타자와부시(歌澤節)(에도시대 후기에 유행했던 짤막한 속곡의 한 가지, 옮긴이)를 낳은 에도 쇠망기의 유미주의(唯美主義)는, 내게 20세기의 상징주의를 맛보고도 남을 만한 예술적 소양을 만들어주었던 것이다.

—「傳通院」, 『荷風語錄』(「덴즈인」, 『가후어록』)

가후는 프랑스 예술을 사랑한 자신의 정열과 환희의 근원이 프랑스인이 비극 여배우 사라 베르나르를, 이탈리아인이 엘레오노라 듀제를 좋아한 것처럼, 반도 미쓰에나 도키와즈 긴조를 사랑한 심정에 있었다고 자부하고 있었던 것입니다. 반도 미쓰에는 일찍이 가후가 살았던 고이시카와(小石川)의 언덕에 살았으며 일반 시민들까지도 자랑거리로 삼았던 춤의 명인입니다. 또한 도키와즈 긴조는 흥행장에서 연주를 한 탓으로 가문에게서 파문당한 샤미센(三味線)의 명연주자로서 역시 고이시카와에 살았습니다. '우타자와부시' 란 우타자와렌(歌澤連)이라는 한 애호단체가 고품격의 하우타(端唄, 에도시대 후기 에도에서 유행한, 샤미센에 맞추어 부르는 짧은 속요. 옮긴이)를 보급시킨 것에서 유래한 샤미센 음악의 한 종류입니다. 덧붙이자면 사라 베르나르(1844~1923년)는 『루이 브라스』(1872년)에서 스페인 여왕 역으로 호평받은 이후 유럽과 미국 양쪽에서 활약한 여배우입니다. 또 엘레오노라 듀제(1859~1924년)는 입센의 작품이나 자신의 연인이었던 애국시인 가브리엘 다눈치오의 작품에 출연했던 세계적인 여배우로서 '더 듀제' 로 불리던 연극 배우였습니다.

말이 나온 김에 더 이야기하자면, 조루리(淨瑠璃)의 일파인 소노하치부시(薗八節)를 익히기 위해 야겐보리(藥研堀)에 다니던 가후는, 고비키초(木挽町)에서 나가우타(長唄, 가부키 무용의 반주 음악으로 발전한 샤미센 음악. 옮긴이), 우타자와부시, 키요모토(淸

元, 에도 조루리의 한 가지. 에도시대 중엽 기요모토 엔주다유(清元延壽太夫)가 창시한 이래 가부키의 무용 음악으로 발달하였다. 옮긴이) 등의 도락을 즐기던 끝에 소노하치부시에까지 이른 풍류가 요 씨(キウさん)를 사귀게 됩니다. 이 사람은 사실 기업의 중역으로 이들이 교유하던 모습이 명품『하염없는 비(雨瀟瀟)』에 그려져 있습니다. 가후는 원래 '섬약 비애한 예술'인 샤미센은 살아있는 현대의 소리가 아니라 과거의 중얼거림이며, 슬픔에 찬 자가 들으면 오히려 무한한 흥취와 감개를 자아낸다고 말하고 있습니다. 이러한 골동품적인 에도 정서로 일관된 나가이 가후의 책과 접해 보는 것도 21세기 일본인의 지(知)와 교양의 조화를 유지하는 데 중요하지 않을까요? 아니, 어렵게 준비할 필요는 없습니다. 그냥 즐기는 기분으로 빠져들면 됩니다.

결국 현재의 일본인은 메이지유신 이후 서양과 동양의 지적 전통, 즉 일본 · 중국 · 서양(和漢洋)의 조화된 교양을 자랑으로 삼아 왔던 선배들의 지혜를 재검토해 보아야 하지 않을까 합니다. 일본인은 이 세 곳의 지혜를 비교하고 익히면서 인격의 밸런스를 유지해 왔음에 틀림없습니다. 후쿠자와 유키치(福澤諭吉)가 '스피치'를 '연설(演說)'로 번역하고 나카무라 게우(中村敬宇)가 '뉴스'를 '신문(新聞)'으로, 니시 아마네(西周)가 '필로소피'를 '철학(哲學)'으로 번역했다는 사실은 유명합니다. 하지만 그 외에도 메이지시대에 일본어로 번역된 '사회(社會)', '자본(資本)', '예술(藝術)', '직업(職業)', '생산(生産)', '사상(思想)' 등의 단어가 일본에서 중국으로 수출되어 일본과 중국의 공용어가 되었다는 것은 그다지 알려지지 않은 듯합니다. 주자학이나 양명학을 배웠던 일본의 지식인은 그 논리적 사변력을 가지고 유럽의 사상이나 용어법(用語法)

을 이해할 수 있었던 것입니다. 외국어를 한자어로 옮기고 사고의 틀을 바꾸고 중층화해 나가는 작업은 탄탄한 '일본＋중국'의 교양이 있었기 때문에 가능했습니다.

메이지시대 유럽의 법학을 수입한 선구자들, 쓰다 마미치(津田眞道), 니시 아마네, 가토 히로유키(加藤弘之), 미쓰쿠리 린쇼(箕作麟祥) 등이 법률용어를 '번역 주조(飜譯鑄造)' 할 수 있었던 실 예는 도쿄대학 법학부 교수였던 호즈미 노부시게(穗積陳重; 1855～1951년)의 명저, 『법창야화(法窓夜話)』와『속 법창야화』를 읽어보면 얼마든지 찾아낼 수 있습니다. 게으른 자를 비난할 때 '서 있는 것을 눕히기조차 않는다'라고 하는데 '서 있는 것을 눕히고, 눕힌 것을 세우는 것만큼 귀찮은 일은 없다'라고 번역의 어려움을 토로한 옛 학자가 있었다는 사실을 잊어서는 안 됩니다.

마지막으로 편집자에게서 받아놓은 꽤 어려운 과제인 '고전의 힘 20권'을 고르는 작업을 해야겠습니다. 물론 모두를 납득시킬 수 있는 선정이란 있을 수 없습니다. 학생 때 영향을 받은 책이나 자신이 좋아한 책 중에서 지금의 학생에게도 추천하고 싶은 제 나름의 '고전'을, 가능한 문고본에서 순서 없이 생각나는 대로 고르기로 했습니다. 20권 중에 넣고 싶었지만 지역이나 장르의 균형 때문에 넣지 못한 책도 있습니다.

개인적으로는 정치, 문학, 군사에 관련된 다음과 같은 책을 좋아합니다. 나카에 조민(中江兆民)의 『삼취인경륜문답(三醉人經論問答)』, 모파상의 『비곗덩어리』, 이시하라 간지(石原莞爾)의 『최종전쟁론(最終戰爭論)』. 마쓰다이라 사다노부가 말한 '통속서'로 생각되는 책이 포함된 것은 제 교양의 한계로 이해해 주기 바랍니다. 이 리스트는 또한 많은 사람들이 기본이라고 생각하는 것에서 벗어나 있습니다.

가령 『이키(いき)의 구조』로 알려져 있는 철학자 구키 슈조(九鬼周造)는 『문예춘추』의 요구에 응해서 좋아하는 책을 다음과 같이 추천한 적이 있습니다. 플라톤의 『향연』, 성 프란체스코의 『작은 꽃』, 데카르트의 『방법서설』, 베르그송의 『형이상학 입문』, 『나센비쿠쿄(那先比丘經)』, 후지하라노 하마나리(藤原浜成)의 『가쿄효시키(歌經標式)』, 에피쿠테토스의 『유훈』입니다. 역시 정통 철학자다운 선정이라고 할 수 있습니다. 어쨌든 막부 말기의 가인이자 국학자인 다치바나 아케미(橘曙覽, 1812∼1868)가 '즐거움이란 희귀한 책을 빌려 첫 장을 들쳤을 때'라고 노래한 독서의 세계(『橘曙覽全歌集』)에 독자 여러분이 몰입할 수 있는 실마리가 만들어질 수 있다면 더없는 기쁨이겠습니다.

고전의 힘 20권

- Ibn Khaldun, al Muqaddimah, Routledge, 1967.
- 河竹默阿弥, 『天衣紛上野初花』(가와타케 모쿠아미, 『구모니마고우에노노하쓰하나』), 筑摩書房, 2002.
- 후쿠자와 유키치, 『문명론의 개략』, 정명환 옮김, 광일출판사, 1989.
- 荻生徂来, 『政談』(오규 소라이, 『정치담론』), 岩波文庫, 1987.
- 마르크스 · 엥겔스, 『독일 이데올로기』, 김대웅 옮김, 두레, 1989.
- 타키투스, 『연대기』, 박광순 옮김, 범우사, 2005.
- 키케로, 『노년에 관하여, 우정에 관하여』, 천병희 옮김, 숲, 2005.
- 『唐詩選』, 前野直彬 注解(『당시선』, 마에노 나오아키 주해), 岩波文庫, 2000.
- 佐藤一齊, 『言志四錄』(사토 잇사이, 『언지사록』), 講談社學術文庫, 1978.
- 『바가바드 기타』, 정창영 옮김, 시공사, 2000.
- T. E. Lawrence, Seven Pillars of Wisdom: A Triumph, Penguin Books, 1978.
- 몽테뉴, 『몽테뉴 인생 에세이』, 손우성 옮김, 동서문화사, 2005.

- 根岸鎭衞, 『耳囊』(네기시 야스모리, 『귀주머니』), 岩波文庫, 1991.
- 中田薫, 『德川時代を見えたる私法』(나카다 가오루, 『도쿠가와 시대를 보는 사법』), 岩波文庫, 1984.
- James Boswell, *Life of Samuel Johnson*, edited by R. W. Chapman; a new edition corrected by J. D. Fleeman, Oxford U.P., 1970.
- 劉知幾, 西脇常記 譯注, 『史通』, 「內篇」, 「外篇」(유지기, 니시와키 쓰네키 역주, 『사통』), 東海大學出版會, 1989, 2002.
- Edmund Burke, *Reflections on the Revolution in France*, Oxford University, 1999.
- 토크빌, 『미국의 민주주의』, 임효선 옮김, 한길사, 2002.
- 이반 투르게네프, 『아버지와 아들』, 최현 옮김, 하서출판사, 2001.
- 『ハディース─イスラーム伝承集成』, 牧野信也 譯(『하디스─이슬람 전승 집성』, 마키노 신야 역), 中央文庫, 2001.

개그와 익살의 즐거움

고모리 요이치(小森陽一)

『나는 고양이로소이다』는 나쓰메 소세키라는 필명으로서는 데뷔작으로, 러일전쟁 발발 2년째 되던 해인 1905년 하이쿠(俳句) 잡지 「호토토기스(ホトトギス, 두견새)」에 발표한 소설입니다.

일본어에는 존재하지 않는 be동사 구문의 번역문체인 제목 자체가 큰 임팩트를 가지고 있었던지, 이후 『나는 ○○로소이다』라는 책이 여러 권 출판되었습니다. 고양이의 관점에서 인간세계를 풍자적으로 비판한 이 소설의 등장으로, 전쟁 보도에 진저리를 치던 당시 독서계에서 소세키는 일약 인기작가가 되었습니다. 『나는 고양이로소이다』는 당초 1회 분량의 단편으로 실린 것이었지만 너무나 인기가 있었던 나머지 총 11회의 연재소설이 되어버렸습니다. 한 회도 같은 기법을 쓰지 않고 한 회한 회 전혀 다른 소설 기법을 이용했습니다. 근대소설의 주요 기법이 전부 들어 있다 해도 과언이 아닙니다.

또한 러일전쟁에 이르기까지의 근대 일본의 '문명개화'와 '부국강병' 노선에 대한 풍자적 비판도 담고 있는 등, 그 역사적 사상(事象)을 하나하나 확인해 보면 비판적인 일본근대사를 재구성할 수 있습니다.

역시 가장 큰 즐거움은 동서고금의 문명문화에 대해 소세키다운 박식함을 잇따라 구사해 내는 개그와 익살의 수수께끼풀이 같은 해독에 있습니다. 『나는 고양이로소이다』의 집필과 병행해서 쓰였던 『문학론』에서 소세키는 유사한 단어를 중복 사용함으로써 전혀 이질적인 세계를 순식간에 간결하게 만드는 기법으로 높이 평가받고 있습니다. 여러분, 웃음의 언어능력을 단련시키십시오.

(도쿄대학 총합문화연구과 교수. 언어정보과학 전공)

'분쟁'과 사람들

엔도 미쓰기(遠藤貢)

인간사회는 여러 가지 '분쟁'을 끌어안고 있는 사회입니다. 그 '분쟁'을 제어하기 위해서 예를 들면 법률이라는 형태의 제도를 형성해 왔습니다. 그러나 여전히 새로운 '분쟁'이 계속해서 발생하고 있습니다. 특히 냉전종결 후에는 세계 각지(특히 아프리카)에서 무력을 동반한 '분쟁'이 격심하게 일어났습니다. 그리고 지금까지 국제사회는 이 '분쟁'에 유효한 대응을 충분히 하지 못했습니다. 게다가 이 '분쟁'에서는 영토민의 안전을 보장해 줄 것으로 믿었던 국가가 오히려 그 영토민을 살육하는 사태마저 벌어지고 있습니다. 이것은 도대체 어찌된 일일까요? 또한 이러한 상황에서 사람들은 어떻게 살아가고 있을까요. 그리고 상처받은 사회, 인간관계의 재생(화해)은 과연 어떤 방법으로 가능할까요.

구리모토 히데요(栗本英世)의 『민족분쟁을 겪는 사람들』은 외부에서는 알기 어려운 아프리카의 '분쟁' 속에서 살아가는 사람들의 모습을, 장기간의 현장조사에 입각하여 세밀하게 기록하고 있습니다. 이러한 '분쟁'에 대응하는 주요 개념으로 주목받고 있는 '인간의 안전보장'과 그것에 기초를 둔 여러 정책에 대해서는, 인간의 안전보장위원회보고서인 『안전보장의 현재적 과제』가 포괄적으로 문제를 정리하고 있습니다. 또한 '분쟁' 그 자체와는 조금 거리가 있지만, 인간사회에서의 관계구축에 관한 시각으로 '신뢰'를 중심으로 두고 '사회관계자본(social capital)'의 의미를 그린 야마기시 도시오(山岸俊男)의 『신뢰의 구조』도, 사회의 이상적 형태에 관한 흥미로운 함의를 지니고 있습니다. 결국 인간사회에서 '분쟁'에 대한 대응은 상상력과 구상력을 필요로 하는 끝 없는 작업인 것입니다.

(도쿄대학 총합문화연구과 조교수. 국제사회과학 전공)

2. 자연과학의 새로운 상식 *

사물을 과학적으로 생각하는 법

이 글의 제목을 자연과학의 새로운 '상식'이라고 붙였으니 인문과학을 공부하는 학생들도 이걸 읽고 난 뒤에 나 정도의 상식도 갖추지 못한다면 곤란할 것입니다. 그렇다면 이 비상식적인 사회를 일도양단할 정도의 필력과, 과학의 선교사라고 불릴 만큼의 쉬운 논리로 몰아붙일 필요가 있겠습니다. 자, 그렇다면 이 사람들을 내세울 수밖에 없을 것입니다. 리처드 도킨스의 『악마의 사도』는 '왜 과학에는 신이 필요하지 않나', '종교를 맹목적으로 믿는 사회에서는 왜 과학이 발달하지 않나'라는 극히 당연한 사실을 우리들에게 제시합니다. 또한 진화론조차 믿기지 않는다는 사람이 절반 이상인 사회가 과학을 좌지우지하는 현실을 풍자적으로 해설합니다. 도킨스는 또한 '대체의학'이란 검증할 수 없거나 검증되는 것을 거부, 혹은 일관되게 검증에 실패한 일련의 실천으로 간파합니다. 무릇 과학적 검증에 의해 효과가 실증된다면 이미 그것은 대체의학이 아니라는 그의 의견은 옳습니다. 이 대체의학을 임상 카운슬링이라고 바꿔 말해도 상황은 마찬가지입니다. 쇠퇴의 갈림길에 처한 과학도 있다는 사실을 아는 것도 중요한 일입니다. 대학 1학년생에게는 조금 어려울지 모르겠지만 올바른 것을 배운다는 게 어떤 일인지 알 수 있을 것입니다.

과학 이야기라면 당대 최고 엔터테이너의 책도 읽어야 합니다. 유감스럽게도 이미 세상을 떠난 스티븐 제이 굴드의 대표작 『생

* 이시우라 쇼이치(石浦章一), 도쿄대학 총합문화연구과 교수. 생명환경과학 전공
  효도 도시오(兵頭俊夫), 도쿄대학 총합문화연구과 교수. 상관기초과학 전공

명, 그 경이로움에 대하여』는 일급 추리소설을 읽는 듯한 재미와 긴장감이 더할 나위 없이 좋습니다. 선캄브리아기에 지구상(바다속)에 폭발적으로 늘어난 생물군의 화석에서 과거의 모습이 떠오르는 과정에서는, 과학자와 과학이 나아갈 바의 본질을 알 수 있습니다. 비록 굴드나 다른 연구자가 재현한 생명체 중 일부의 모습은 잘못되었다는 것이 나중에 밝혀졌지만, 그 시비를 가리는 건 본말이 전도된 것일 뿐이며 수준 높은 과학 엔터테인먼트가 얼마나 많은 사람을 과학으로 유인해 냈는지를 생각해야 할 것입니다. 굴드의 에세이는 어느 한 편만 읽어도 상상력이 팽배해져 느긋한 기분에 잠기게 됩니다.

또 한 사람, 과학의 파수꾼 마틴 가드너를 잊어서는 안 됩니다. 그는 오랜 동안 세계의 일반과학 잡지 중에서 가장 보수적인 「사이언티픽 아메리칸」에 숫자 게임을 연재했습니다. 세계의 젊은이들이 그가 출제한 문제를 풀고 다음 호를 고대했습니다. 지금 대학의 이과계(理科系) 선생들 가운데 그의 이름을 모르는 사람은 없을 터이며 책꽂이에는 반드시 그의 숫자 게임 책이 있을 것입니다. 그 가드너가 또 하나 힘을 쏟은 것이 유사과학 추방 캠페인입니다. 가드너의 『기묘한 논리(Fads and Fallacies in the Name of Science)』는 초자연 현상과 초능력이 어떻게 사람들 속으로 침투해 왔으며, 붐이 한없이 반복되는지 분석하면서 속임수를 간파하는 방법, 속기 쉬운 사람의 유형 등에 대해서도 서술하고 있습니다. 유기농업, 효모 엑기스, 무슨 무슨 다이어트 등은 잊어버릴 만하면 새로운 형태로 등장해서 그때마다 새로운 손님들을 속여 넘깁니다. 엉터리에는 속지 않아야 하지만, 실은 그것을 간파하고 사실을 알리기에는 보통 사람의 필력으로는 불가능합니다. 가드너는 이러한 일을 반 세기도 전부터 해 왔습니다. 그 때문에 촘스키는 '가드너의 현대 지성문화에 대한 공헌은 너무나도 위대하다'라고 평가했습니다.

과학의 역사

여러 곳에서 역사는 반복되고 있습니다. 과학의 창세기 시기에 과학자가 어떻게 생각하고 어떻게 행동했는가를 아는 것은 21세기 과학의 시대에 살고 있는 우리들에게도 결코 쓸데없는 일이 아닙니다. 그 적합한 책 중 한 권이 폴 드 크루이프의 『소설처럼 읽는 미생물 사냥꾼 이야기』입니다. 이 책 속의 파스퇴르나 코흐의 이야기를 읽고 아무 것도 느끼지 못한다면 당신은 과학자가 될 소질이 없다고 말할 수 있을 것입니다. 이 책은 최초로 현미경 관찰을 한 레벤후크부터 마법의 탄환 살바르산을 발견한 에를리히의 이야기까지 총 12장으로 이루어져 있는데, 전부가 발견에 관한 것입니다. 새로운 발견은 노력의 결과라는 사실을 진지하게 느낄 수 있습니다. 사실 오래 전에 나온 『에피소드 과학사』라는 책을 읽으면 좋지만, 이 책은 헌책방에서나 찾을 수 있을 것입니다.

물리학에 관해서는 어떤 책이 있을까요. 스티븐 와인버그의 『아원자입자의 발견』이 바로 그런 책으로, 위대한 학자들이 물질의 궁극적 요소를 어떻게 추구했는지를 엮은 좋은 책입니다. 노벨상 수상자인 저자의 강의노트에서 가져온 소립자 발견 부분이 토대가 된 듯한데, 강의실 냄새는 전혀 나지 않습니다. 물론 이 책의 특징은 실험에 의해 이론이 실증된다는 압도적인 사실로서, 대수롭지 않은 계산(1~2줄짜리)이 물리의 기본이라는 걸 충분히 보여줍니다. 와인버그가 말하는 '자연의 구조(물질의 궁극적 조성)를 해명하고 그것을 기술하는 기본원리를 이해한다'는 것에 흥미가 있다면 꼭 이 책을 읽어보고 궁극적 세계를 생각해 볼 것을 권합니다.

심리학 책을 소개하는 것도 필요합니다. 이 학문은 이미 문과계 (文科系)의 범주에 속하지 않으며, 뇌과학 없이는 발전을 기대하기 어려워졌습니다. 교과서 말고 추천할 수 있는 것으로 심리학이 한 눈에 들어오는 책은 의외로 적습니다. 한스 아이젠크, 마이클 아이 젠크 부자가 쓴 『마인드 워칭(Mind-watching)』은 이런 책 중 하나 로서, 심리실험, 유전과 환경, 부모와 자식, 감정, 망각, 범죄, 교 육, 개성 등 심리학에서 다루는 여러 주제를 정리하고 있습니다. 고전적 심리학은 종교와 마찬가지로 비판이 허용되지 않는 부분도 많았지만 뇌과학·분자생물학의 발전에 의해 과학적인 내용으로 대체되고 있습니다. 하지만 현재는 과도기로 보는 것이 좋습니다. 아이젠크 부자의 책은 시대적으로는 뇌에 관해서 뇌파 등 고전적 인 내용만 들어 있지만, 과학의 눈으로 본 심리학이라는 관점에서 쓰여 있기 때문에 읽기 쉽습니다. 물론 여기서 이 주장의 정반대에 위치한 캘빈 홀의 『융 심리학 입문』을 소개하지 않는다면 공평하 지 않을 것입니다. 실은 꿈이라는 꾸며낸 이야기에서 치료자가 분 석이라는 이름으로 제멋대로 꾸며진 이야기를 날조하는 과정을 과 학이라고 사칭한 시대도 있었습니다. 현재도 적은 숫자이긴 하지 만 이것을 믿는 사람이 있다는 사실을 대체 어떻게 생각해야 할까 요. 대학생인 여러분에게 묻고 싶어서 20권의 책 중 하나로 넣었 습니다.

과거를 되돌아보는 것도 중요하지만 시대의 첨단을 읽는 것도 중요합니다. 월간 「닛케이(日經) 사이언스」는 번역에 주력하는 잡 지인데, 각 토픽의 저자가 대부분 그 분야의 일인자이기에 과학의 현재를 잘 알 수 있습니다. 과학에 뜻을 둔 사람에게는 필독서인

데, 그것은 필자가 대학생이던 30년 전에도 마찬가지였습니다. 날
카로운 감성은 다른 분야를 공부함으로써 갈고 닦이는 것인데, 이
잡지는 진실로 그 임무를 다하고 있습니다. 여기서 또 하나 다른
분야에서 시대의 첨단을 읽어낼 수 있는 것을 든다면, 월간 「내셔
널 지오그래픽」밖에 없습니다. 이 책에도 세계의 현상이 여러 측
면에서 생생하게 소개되고 있는데, 더욱이 최첨단의 과학기사가
게재되는 경우가 많습니다. 「닛케이 사이언스」와는 달리 주요 필진
이 작가이므로 환경문제나 생명분야도 이해하기 쉽게 쓰여 있습니
다. 신간을 들고 침대에 누우면 그야말로 행복한 시간이 흐릅니다.

가까운 현실을 응시하다

과학의 발전은 우리에게 편리한 사회를 가져다 주었지만 한편으
로는 터무니없는 화근을 남기기도 했습니다. 이시 히로유키(石弘
之)의 『지구환경 보고』는 인류의 발전과 생태계 파괴가 함께 진행
되는 과정을 그리고 있어서 그 전체상을 이해하는 데 매우 좋은 책
입니다. 이 책의 출판 당시 지구상의 이산화탄소 농도는 0.036%
였는데, 옛날 교과서에 0.03%로 실려 있었던 것이 이제 반올림하
면 0.04%가 된다고 해서 큰 소동이 났었죠. 지금은 0.038%가 되
어가고 있습니다. 온난화는 점점 진행되고 극지방의 빙하가 녹아
서 해수면 상승의 위기가 고조되고 있습니다. 이 책이 바로 이 같
은 사실에 경종을 울렸죠. 도시의 슬럼화, 사라지는 열대림, 사막
화, 식량문제, 환경오염 등 당시의 염려가 현실이 되는 상황에서
이 책을 다시 한 번 읽어보기 바랍니다.

학문은 책상 위에서 심사숙고한다고 해서 성취되는 것이 아닙니
다. 현장에 나가 공기의 냄새를 맡고, 살아있는 것들의 숨결을 느

끼는 것이 중요합니다. 유모토 다카카즈(湯本貴和)의 『열대우림』은 그러한 책 중 하나로, 다 읽고 나면 수풀(林冠)이라는 말이 기묘하게도 머릿속에 남습니다. 원숭이를 쫓아서 아프리카에 사는 학자, 개구리의 발생을 인내심 있게 관찰하는 학자, 극지방의 빙하에서 태고의 기후 변동을 추정하는 학자, 사막의 화석에서 동물의 생활을 재현하는 학자는 모두 이런 종류의 사람들입니다. 이 책에는 생물의 다양성이라는 최근의 키워드에 관한 몇 가지 예가 나와 있습니다. 사실 우리들이 사는 지구의 미래를 위해 생물 다양성의 붕괴가 지구 환경을 파괴한다고 주장하는 에드워드 O. 윌슨의 『생명의 다양성』이나 『생명의 미래』 등을 읽으면 좋겠지만, 대학생인 여러분은 그 전에 먼저 『열대우림』으로 두뇌운동을 시작해 줬으면 합니다.

존 F. 로스의 『북극곰 전략(The Polar Bear Strategy)』도 같은 종류의 책입니다. 자기 주위의 리스크를 계산한다는 새로운 발상을, 이 과학 작가는 알기 쉽게 정리하고 있습니다. 안전벨트를 하는 것이 하지 않는 쪽보다 사망률이 낮다는 백만 명 단위의 단순한 데이터에서 안전벨트의 착용이 의무화되었다는 예부터, 광우병에 걸리고 싶지 않다면 (위험을 피하려면) 고기를 먹지 않는 수밖에 없다는 데 이르기까지 수많은 사례가 '리스크 센스'의 사고방식을 보강해 줍니다. 필자를 포함한 많은 과학자가 말하는 전쟁이나 위험에 대한 사고방식도 유전자가 결정하고 있는 게 아닐까 하는 최근 학설에 관한 해설도 있습니다. 그리고 인간은 모두 같다는 종래의 태평스러운 낙관론을 폐기하는 '패러다임 변환'의 실 예가 이 책에는 많습니다.

호시노 가즈마사(星野一正)의 『의료의 윤리』에는 바이오에틱스

(생명윤리)와 종래의 의료 사이에서 저자들이 새로운 의료윤리를 만들어내는 모습이 그려져 있습니다. 윤리라는 가치관은 당연히 시대에 따라 모습을 바꾸는 것입니다. 10년을 하루같이 여기며 과거의 판례에 따라 결정하는 법률과는 그 성질이 다릅니다. 의학을 (의학의 이치를) 모르는 사람들에게 우리들의 의료 윤리를 맡길 수는 없는 것입니다.

정신을 차려 보면 주위는 온통 컴퓨터 시대가 되고 말았습니다. 휴대폰을 사긴 했는데 한 달 동안 두 번밖에 쓰지 않아서 반환해 버린 나 같은 인간은 더 이상 설 곳이 없어졌지요. 나가오 마코토 (長尾眞)의 『인공지능과 인간』은 컴퓨터가 할 수 있는 것, 인간지능의 범위, 인식, 이해, 언어 등에 대해서 산뜻하게 이야기해 주고 있습니다. 새로운 난제와 만났을 때 인간은 왜 컴퓨터처럼 전부 계산하는 게 아니라, '저건 안 되고 이건 괜찮아' 라고 금방 판단해서 대답을 끌어낼 수 있는 것일까요. 이런 의문은 경험(뇌과학에서 말하는 워킹 메모리라는 개념)에 의해 해결된다고 설명하는데, 나는 그런 것은 생각해 본 적도 없었습니다. 화상인식 등은 인간이 가장 자신 있어 하는 분야인데, 컴퓨터가 과연 어디까지 따라올 수 있을까요. 이 입문서를 읽으면서 그런 생각을 해 보는 것도 유익할 것입니다.

과학에 취하다

더글러스 호프스태터의 『메타매직 게임(Metamagical Themas)』에 나오는, 다음과 같은 문제를 보고 15분 동안 꼼짝 않고 있을 수 있는 사람이라면 좋겠습니다.

- 문제: '이 글에는 1이 □회, 2가 □회, 3가 □회, 4가 □회 나온다'에서 □에 아라비아 숫자를 넣어서 올바른 문장을 만드시오. (정답은 143쪽에)

　실용적인 도움을 준다고는 할 수 없지만 과학이 제공하는 지적 자극에 압도되기 때문입니다. 800페이지에 가까운 이 정보과학자의 에세이는, 저자의 유명한 저서 『괴델, 에셔, 바흐』보다 재미있게 첫 장을 펼칠 수 있습니다. 그러나 이 책을 전부 읽어낼 수 있는 대학생은 이제 찾아보기 어려울지도 모르겠네요.

　하나만 더 이야기하자면 이 '과학에 취하다'라는 대목에서 은사 한 분의 명저를 꼽을 수 있도록 허락해 주기 바랍니다. 오래 전 나는 교양학부 기초과학과에 진학했지만 어떤 방향으로 진로를 선택할지 쉽게 결정하지 못하고 있는 상태였습니다. 하루는 왜소한 체격의 선생님이 집중강의에 들어와서는 혀를 끌끌 차면서 과학 발견의 경위를 설명했습니다. 우리들은 일본과 외국의 치열한 경쟁에 대해 놀라워하며 동료의식과 반발심으로 멍해졌습니다. 그리고 일본 특유의 과학을 발전시키자는 선생님의 강한 의지에 감명을 받고, 생화학을 공부하기로 결심했습니다. 한 교수의 힘이 인간의 진로를 결정할 정도라는 사실을 그때 비로소 알았습니다. 그 선생님인 마루야마 고사쿠(丸山工作)의 『생화학의 여명』은 발효의 수수께끼를 추적한 과학자들의 꿈과 현실을 서술한 책으로, 일본의 근육학을 발전시켜 온 저자가 아니고서는 쓸 수 없는 역작입니다. 대학 1년생의 생화학 교과서이기도 하며 교사들에게는 참고서가 되는 책으로, 생명과학자가 될 사람은 학생 때 한 번, 교사가 되어서 또 한 번, 적어도 두 번은 읽게 됩니다. 저자는 이미 세상을 떠났고, 요즘의 대학생들이 그 뛰어난 화술을 들을 수 없음이 안타까울 따름입니다. 나로서도 그것만은 결코 흉내낼 수 없으니까요.

또 한 권, 가장 많이 들춰본 책이 무엇이냐고 묻는다면, 기무라 모토오(木村資生)의『생물진화를 생각하다』를 들지 않을 수 없습니다. 진화의 중립설을 주장해서 학계에 큰 반향을 일으킨 저자는, 이 책에서 알기 쉽게 그 진수를 전해 주고 있습니다. 돌연변이는 무작위(random)로 일어난다는 가정에서 출발하고 있기 때문에, 논지를 이해하기 위해서는 당연히 수식이 나오는데 이것만은 몇 번이고 읽어도 금세 잊어버려서, 어느 페이지를 봐도 신선한 감동 이 밀려옵니다. 책이 쓰인 당시보다 현재의 분자생물학이 진보했 기 때문에 유전자 분야나 면밀한 데이터에는 수정의 여지가 있지 만, 그러한 결점을 보충하고도 남을 학식과, 무엇보다도 알기 쉽게 쓰인 문장이 신선합니다. '내가 대학생이 되었구나' 하는 감동을 이 책 속에서 느끼게 될 것입니다.

반신반의로 읽다

여기에서는 취미로 읽다가 감동한 책을 소개하려고 합니다. 전 문가라면 이 분야에 더 적절한 것이 있다고 할지도 모르겠습니다. 내 서가에는 이과계의 대표적 일반서인 블루백스(BLUE BACKS, 자연과학 서적 대중화 기획으로 발간된 고단샤의 시리즈, 옮긴이) 가 몇 권 꽂혀 있는데, 하나만 추천해 달라고 하면 망설이게 됩니 다. 그 중에서 지구충돌소혹성연구회의『언젠가 일어났던 소혹성 대충돌―공룡 멸종과 인류의 위기를 찾아』는 여러 학자들의 공저 인데, 공룡 멸종의 원인으로 생각되는 천체 충돌의 이야기를 비롯 앞으로 일어날지도 모를 소혹성과 지구 충돌에 관한 이야기를 중심으로 풀어 나가 꽤 읽는 맛이 있습니다. 중생대와 신생대의 경계 지층에서 발견된 이리듐 이야기와 혹성 충돌설이 제기된 경위는 20세기 과학 이야기의 베스트 10에 들어갈 것입니다. 사실은 내 동료가 쓴 좀 더 전문적인 좋은 책도 있지만 이 책이 좀 더 충격을 주었습니다.

지적인 충격에 초점을 맞춘다면 고바야시 가즈스케(小林一輔)의 『콘크리트가 위험하다』도 뒤떨어지지 않습니다. 본래는 수십 년 간 내구성이 있어야 할 콘크리트가 부슬부슬 벗겨져 떨어지는 원 인을 규명하여, 결함 시멘트나 날림 공사가 그 원인임을 지적했습니다. 저자의 '2005년에서 2010년에 걸쳐 빌딩, 고가도로, 제방, 수도 등의 콘크리트 구조물이 일제히 부서지기 시작한다!'라는 캐치프레이즈는, '왜?'라는 의문과 함께 이 책을 읽고 싶은 의욕을 불러일으키기에 충분합니다. 물론 내가 지금 추천한 책들의 내용을 전적으로 신뢰하는 것은 아니며, 오히려 '늑대 소년' 이야기에 는 회의적인 편이라고 할 수 있습니다. 그러나 이 책들을 모른 채 일생이 끝나 버린다면 틀림없이 빈약한 인생이 되지 않을까 하여 추천하는 바입니다.

또 다른 책이 없을까 하고 서가를 찾아보니, 『현대 담배전쟁』을 잊고 있었네요. 스무 살이 넘어 사물의 이치를 분별할 줄 알게 된 어른이 담배를 피우면서 건강을 이야기하는 그 자체가 믿을 수 없 는 일지만, 니코틴의 중독 작용을 알고 있는 사람이라면 이 상황을 묵시할 수만은 없습니다. 니코틴은 우리들의 사고를 관장하는 아 세틸코린이라는 물질 대신 작용하기 때문에 단기적으로는 집중력 을 높입니다. 하지만 대량의 니코틴은 근처에 있는 신경에서 도파 민이라는 물질을 분비시키는데 이것이 중독으로 이어집니다.

그러나 담배를 끊을 수 없는 것은, 단지 본인의 뇌 문제뿐만 아니라 뇌의 회전이 약한 젊은이들을 표적으로 담배를 팔아 온 기업에 책임이 있다고 격렬하게 추궁하는 저자의 박력을 여러분이 꼭 공유했으면 합니다. 이 책을 권함으로써 한 명의 젊은이라도 담배의 유혹에서 벗어나 평균 수명이 늘어나기를 진심으로 바라는 바입니다.

먼 미래를 전망하다

우리들 인간은 세계를 제패하고 우주여행에까지 나서려고 합니다. 인류는 이제부터 어떤 길을 걷게 될까요. 우리를 대신하게 될 새로운 인류는 어떤 존재가 될까요. 하지만 그 전에 우리의 뿌리를 찾는 것도 중요한 일입니다. 과학아사히가 펴낸 『몽골로이드의 길』은 그런 의미에서 매우 귀중한 책으로, 실로 알기 쉽게 인류가 더듬어 온 길을 가르쳐줍니다. 물론 화석이나 주거지 유적과 같은 문화인류학적 증거뿐만 아니라 유전자, 언어, 식자재 등 다방면의 해석을 통해 그림 그리듯 인간이 걸어온 길을 보여줍니다. 그나저나 미래의 인간은 우리를 어떤 인류였다고 판단할지 궁금합니다.

마지막으로는 우리들 인간의 본질에 관해 논한 책입니다. 인간의 본질이 무엇이냐고 하면, 의식(意識) 그 자체입니다. 그렇다면 의식을 표적으로 그 발생 메커니즘에 도전하는 과학자가 있을 법한데, 『놀라운 가설(The Astonishing Hypothesis)』의 저자 프랜시스 크릭은 왓슨과 함께 DNA의 구조를 처음으로 밝혀낸 구조생물학자입니다. 그는 20세기가 끝날 무렵 뇌과학으로 진로를 바꾸고, 이 책에서 시각(視覺)을 재료로 의식 해명에 이르는 전 과정을 알기 쉽게 해설합니다. 쉽다고 해도 그것은 겉보기가 그렇다는 이야기지, 매우 심도 깊은 내용입니다. 20세기의 지성이라 불리는 사람이 이 같은 일반 교양서를 쓸 수 있다는 사실이 놀랍습니다. 물론 책 전체에 크릭 특유의 가설이 여기저기 들어가 있고, 그것이 옳은지 그른지 나로서는 아직 알 수 없지만, 이러한 가설을 내세울 수 있는 80세의 두뇌에 젊은 여러분들이 대항할 수 있을까요?

생명과학 분야에서는 제임스 왓슨이 쓴 『이중나선』을 많이 추천하지만 나는 사소한 분쟁이나 자만을 늘어놓은 책보다 이 쪽을 추천하고 싶습니다. 아인슈타인이나 존 레논과 같은 시대의 공기를 마신 것처럼, 여러분들도 왓슨이나 크릭과 같은 시대를 살았다는 사실을 자랑으로 생각할 때가 반드시 올 것입니다.

추천도서 20권

- 리처드 도킨스, 『악마의 사도: 도킨스가 들려주는 종교, 철학, 그리고 과학 이야기』, 이한음 옮김, 바다출판사, 2005.
- 스티븐 제이 굴드, 『생명, 그 경이로움에 대하여』, 김동광 옮김, 경문사, 2004.
- Martin Gardner, *Fads and Fallacies in the Name of Science*, Dover Pubns, 1957.
- 폴 드 크루이프, 『소설처럼 읽는 미생물 사냥꾼 이야기』, 이미리나 옮김, 몸과 마음, 2005.
- 스티븐 와인버그, 『아원자입자의 발견』, 박배식 옮김, 민음사, 1994.
- Hans Eysenck, Michael Eysenck, *Mindwatching: Why We Behave the Way We Do*, Prion Books, 1995.
- 河合隼雄, 『ユング心理學入門』(가와이 하야오, 『융 심리학 입문』), 培風館, 1967.
- 石弘之, 『地球環境報告』(이시 히로유키, 『지구환경 보고』), 岩波新書, 1988, 1998.
- 湯本貴和, 『熱帶雨林』(유모토 다카카즈, 『열대우림』), 岩波書店, 1999.
- John F. Ross, *The Polar Bear Strategy: Reflections on Risk in Modern Life*, Perseus Books, 1999.
- 星野一正, 『医療の倫理』(호시노 가즈마사, 『의료의 윤리』), 岩波書店, 1991.

- 長尾眞, 『人工知能と人間』(나가오 마코토, 『인공지능과 인간』), 岩波書店, 1992.
- Douglas R. Hofstadter, *Metamagical Themas: Questing for the Essence of Mind and Pattern*, Basic Books, 1985.
- 丸山工作, 『生化學の夜明け: 醱酵の謎を追って』(마루야마 고사쿠, 『생화학의 여명: 발효의 수수께끼를 쫓아』), 中公新書, 1993.
- 木村資生, 『生物進化を考える』(기무라 모토오, 『생명진화를 생각하다』), 岩波書店, 1988.
- 地球衝突小惑星研究會, 『いつ起こる小惑星大衝突－恐龍絶滅と人類の危機をさぐる』(지구충돌소혹성연구회, 『언젠가 일어났던 소혹성대충돌－공룡멸종과 인류의 위기를 찾아』), 講談社ブルーバックス, 1993.
- 小林一輔, 『コンクリートが危ない』(고바야시 가즈스케, 『콘크리트가 위험하다』), 岩波新書, 1999.
- 伊佐山芳郎, 『現代たばこ戦爭』(이사야마 요시로, 『현대 담배전쟁』), 岩波書店, 1999.
- 科學朝日 編, 『モンゴロイドの道』(과학아사히 편, 『몽골로이드의 길』), 朝日選書, 1995.
- 프란시스 크릭, 『놀라운 가설』, 과학세대 옮김, 한뜻, 1996.

(이시우라 쇼이치의 강의는 여기까지입니다.)

디시플린의 힘

학문이란 무엇일까요? 나름대로 정의해 보자면, 그건 '이 우주에 존재하는 물질, 생물, 인간 및 그것들과 관련해서 생겨나는 삼라만상에 관하여 인간의 뇌가 이해할 수 있는 형태로 설명하는 작업'입니다. 인간의 뇌는 만능이 아니므로, 이 목적을 위해서는 다양한 학문분야(discipline)에서의 접근이 필요합니다. 그런 까닭에 각 학문분야의 기초가 교양교육의 주요 부분을 차지하는 것은 의미가 있습니다. 예를 들면 물리학은, 자연계에 존재하는 것(物)의 성립 과정과 성질을 관찰과 실험에 기초하여 조사하고, 가능한 한 소수(小數)의 기본적인 법칙으로 설명하는 동시에, 그 설명에 수학을 이용한다는 특징을 가집니다. 이러한 특징은 자연현상에 대한 탐구가 자연철학으로 불리던 시대에는 중시되지 않았으나, 케플러, 갈릴레이, 데카르트를 거쳐 뉴턴의 '프린키피아'(역학)의 위대한 성공에 의해 부여된 것입니다. 이 특징을 추구하는 과정에서 물리학의 대상은 자연철학보다 좁아졌지만, 한편으로 좀 더 깊은 자연에 대한 이해와 폭넓은 응용에 필요한 엄밀성을 획득했습니다. 자연철학의 남은 부분은 다른 디시플린이 담당하고 있습니다. 물리학이 기초법칙을 해명한다고 해도 그것으로 다양한 자연의 양상을 설명하기에는 충분할 수 없습니다. 모든 디시플린이 각각 중요한 역할을 맡고 있는 것입니다. 그렇기 때문에 각 분야의 기초를 전문가에게 폭넓게 배우는 것은 사회에서 공헌의 폭을 넓히는 데 도움이 됩니다.

한편 어떤 학문분야에서 쌓은 기초훈련이, 전혀 다른 분야의 문제해결에 유용할 때도 있습니다. 이스라엘의 물리학자였던 엘리 골드렛의 픽션 『더 골』은 물리학적인 생각을 비즈니스에 응용할 수 있음을 가르쳐주었습니다. 이 책은 저자가 개발한 TOC(Theory of Constrains, 제약조건 이론)를 소개하기 위해 쓴 경영서인데, 기업 내 인간관계나 일밖에 모르는 인간이 직면하는 이혼의 위기 등을 담고 있어서 비즈니스 소설이라고 할 만한 이야기입니다. 원저는 1984년 미국에서 출판된 베스트셀러였는데, 저자가 무역마찰의 재연을 우려하여 일본어판의 출간을 15년 이상 허락하지 않았다는 복잡한 사정을 가진 책입니다. 적자가 계속되는 공장의 공장장 알렉스 로고(물리학과 출신)는, 본사에서 3개월 내에 흑자로 돌려놓지 않으면 공장을 폐쇄시켜 버리겠다는 통고를 받고 어쩔 줄 몰라합니다. 그러던 어느 날 출장 도중 공항에서 물리학자인 은사와 우연히 재회합니다. 은사는 공장의 현실을 직시할 것, 공장의 목표가 무엇이었는가를 올바르게 인식한 다음, 문제에 대처할 것 등을 조언합니다. 알렉스는 그 후에도 은사의 조언을 들어가면서 원료부터 제품까지 생산라인을 해석하고 어디에서 병목현상이 일어나는지 문제가 되는 난관을 찾아냅니다. 또 경리에 관해서도 일반적인 원가 계산방식의 상식에 얽매이지 않는 관점을 가짐으로써, 문제의 본질을 발견해 내고 전력을 쏟아부어 공장을 재건합니다. 이 책은 단지 생산성 향상을 위한 참고서 정도로 보기에는 아깝습니다. 물리학적 수법을 비즈니스 현장에 적용하는 이야기로서 더 깊이 읽어보면, 조직의 진정한 목표를 우선 파악해 내는 것이 중요하다는 지적 등 여러 문제에 관한 해결의 힌트를 얻을 수 있습니다.

갈릴레이가 '자연이라는 책은 수학의 언어로 쓰여 있다'고 말한 것은 잘 알려져 있는데, 자연을 지배하는 근본법칙이 수학으로 나타난다는 것은 생각해 보면 불가사의합니다. 물리학은 수학과 극히 밀접한 관계를 맺음으로써 비약적인 발전을 했기 때문에, 수식을 사용하지 않고 해설한다는 것은 쉬운 일이 아닙니다. 결과의 지식만을 주는 책을 읽어봤자 잡학을 익히는 것에 지나지 않습니다. 잡학은 교양이 아닙니다. 이에 비해 교양을 가져다주는 책은, 수식을 통해 드러내는 물리학의 참뜻을 수식을 사용하지 않고도 전해줍니다. 이와 같은 책으로, 1965년 노벨 물리학상을 수상한 3명 중 2명인 리처드 파인만과 도모나가 신이치로(朝永振一郎)의 저서를 들고 싶습니다. 파인만의 책은 『파인만의 여섯 가지 물리 이야기』입니다. 이 책은 그가 캘리포니아공과대학 1, 2학년생을 대상으로 한 강의록을 정리한 명저 『파인만 물리학』에서, 원저 제1권의 1~4장 및 7장과 원저 제3권의 제1장을 보급판(페이퍼백)으로 모아놓은 것입니다. 『파인만 물리학』은 전체 번역본이 있지만, 이 페이퍼백에서는 수식이 거의 등장하지 않는 도입부의 몇 장을 원저 그대로 읽을 수 있습니다. 이 책이 잡학서와 다른 점은 이를테면 에너지를 다룬 제4장에서 찾아볼 수 있습니다. 잡학서는 에너지에는 여러 가지 형태가 있다는 것, 그리고 그것들이 서로 변환한다는 사실을 지식으로서 가르쳐줍니다. 이에 비해 이 책은 '에너지가 무엇인지는 아무도 모른다'고 언명하고 있습니다. 더욱이 각각의 에너지는 수식에 의해 양을 계산하지 않으면 안 된다는 점에 주의를 환기시킵니다. 이는 모두 본질적으로 중요한 지적입니다. 또한 에너지가 어떤 성질을 가지고 있으며 에너지가 '보존된다'는 것은 무엇을 의미하는지 비유를 통해 세심하게 해설해 줍니다. 그러나 여러분은 이 책을 읽어도 막연하다고 느낄지 모르겠습니다. 그 정도로 이해한 상태에서 전문가와 이야기해 보십시오. '아무도 모르는' 에너지에 관해서, 적어도 그 '보존'에 관해서는, 전문가 수준의 이해를 얻었다는 사실을 깨닫게 될 것입니다.

도모나가 신이치로의 저서 『물리학이란 무엇인가』는 역사를 더듬어 가며 물리학의 본질이 무엇인지 전해 줍니다. 도모나가 선생은 '먼저 물리학 그 자체를 공부하라. 물리학의 역사는 물리학과는 다른 것이다'라고 자주 이야기했다고 합니다. 도모나가의 명저 『양자역학』은 양자 발견의 '역사적' 기술에서 시작하기 때문에, 이는 꽤 기묘한 이야기라고 생각했습니다. 이후 대학에서 가르치는 입장이 되어 다시 읽어보니, 이 책의 기술은 양자를 올바르게 이해시켜 주고는 있지만 역사적인 사실은 서술하지 않았다는 것을 깨닫고서야 납득했습니다. 만년의 도모나가 선생이 이번에는 역사를 정확히 읽어 나가면서 물리학을 해설한 것이 『물리학이란 무엇인가』입니다. 『양자역학』의 제1장과 겹치는 양자 발견에 관한 이야기를 쓰기 전에 저자가 세상을 떠나서 그 부분을 읽을 수 없다는 것이 무척 유감입니다.

마지막으로 이과계 학생의 필독서이자 의욕적인 문과계 학생도 읽어봐 주었으면 하는 책으로, 후지와라 구니오(藤原邦男)의 『물리학 서론으로서의 역학』을 추천합니다. 이 책은 로맨티스트였던 나의 은사, 후지와라 선생이 심혈을 기울여 쓴 역학 교과서입니다. 대학 수준의 본격적인 교과서이므로 문과계 사람에게는 조금 고생스럽겠지만, '고전역학의 성장'이라고 이름 붙인 제1장 제1절은 모든 이에게 추천할 만합니다. 그 부분은 서양 점성술에서 생일의 별자리에 관한 해설에서 시작합니다. 가령 1월 1일에 태어난 사람은 산양자리인데, '산양자리는 1월 1일에 태양이 방문하는 성좌이기 때문에 그 날 밤하늘에는 나오지 않는다'라는 설명은, 사전 지식이 있는 사람이든 없는 사람이든 그 의미를 쉽게 알 수 있습니다. 그리고 이 책에는 뉴턴이 역학을 만들어내기 위한 토대로 삼은 그 전까지의 관측이나 뉴턴 자신의 관측·실험 및 완성된 역학이 균형 있게 쓰여 있으며, 물리학의 가장 기본 분야의 내용과 함께 학문을 만든다는 것이 어떤 작업인가를 배울 수 있습니다.

추천도서

- 엘리 골드렛, 『더 골』, 김일운 외 옮김, 동양문고, 2001.
- 리처드 파인만, 『파인만의 여섯 가지 물리 이야기』, 박병철 옮김, 승산, 2003.
- 朝永振一郎, 『物理學とは何だろうか』(도모나가 신이치로, 『물리학이란 무엇인가』), 岩波書店, 1979.
- 藤原邦男, 『物理學序論としての力學』(후지와라 구니오, 『물리학 서론으로서의 역학』), 東京大學出版會, 1984.

(효도 도시오의 강의는 여기까지입니다.)

- 133쪽 본문의 정답: 시간 순으로는 2, 3, 2, 1이나 3, 1, 3, 1이 될 수도 있습니다. 순위를 매기는 것이므로 순위마다 여러 개의 답이 있을 수 있지요. 정답을 이야기하기 어렵게 때문에 굳이 답을 제시하지 않았습니다. 문제를 곰곰이 생각해 보는 것 자체가 중요하기 때문입니다. 여러분도 친구들과 함께 꼭 토론해 보길 바랍니다.

'자성(自省) 능력'

오카모토 가즈오(岡本和夫)

주오코론샤(中央公論社)의 『일본의 명저 36─나카에 조민(中江兆民)』에서 「속 일년유반(續一年有半)」을 대충 읽었습니다. 그 일부인 「자성 능력」에서 인용하려고 합니다. 자성 능력이란 '자신이 지금 무엇을 하고 있는가, 무엇을 말하고 있는가, 무엇을 생각하고 있는가를 자성하는 능력'을 말하며, '자성 능력의 유무야말로 바로 정신이 건전한가 그렇지 않은가를 살펴보는 적절한 근거'이며, '우리들은 이 자성 능력이 있기에 비로소 자신이 행한 것이 바른지 그른지를 자각'한다고 합니다. 이것을 제 나름대로 정신 독립의 증명으로 풀어보고자 합니다.

자신이 결정해서 자신이 실행, 즉 조사하거나 생각하여 결국은 결과에 대해서는 자신이 책임을 집니다. 이것이 자유로움의 보증이기 때문에 수학은 완전히 자유로운 학문입니다. 그러므로 수학을 하고 있을 때에는 반성만을 하고 있는 것이 됩니다. 이것을 수학과의 관련 방법으로까지 한 발 나아가서 자성합니다. 젊을 때는 수학만으로도 충분히 살아갈 수 있지만 점차 세상과의 관계가 깊어지면서 자신의 자성 능력을 시험하고 심화시킬 필요가 많아지는 것입니다. '원래 나의 교육주의는 자연의 원칙에 무게를 두고 수(數)와 이(理)의 두 가지를 책으로 삼아, 인간만사 유형(有形)의 경영은 전부 '거기에서' 답을 내고 싶다'라는 후쿠자와 유키지(福澤諭吉)의 말이 있습니다. 그는 또한 서양과 비교해서 '동양에 없는 것은 유형(有形)의 수리학과 무형(無形)의 독립심, 이 두 가지다'라고 했습니다. 시대배경은 제외하더라도 현대는 어떤지 자성해 봅시다. 후지와라 마쓰사부로(藤原松三郎)가 '무릇 한 나라의 학술 독립은 먼저 외국어에 의하지 않고 그 궁극에 이를 수 있는 것에서 출발한다'고 말했듯이, 자성 능력을 잃어버리면 그것으로 끝입니다.

(도쿄대학 수리과학연구과 교수. 수학 전공)

┌─ **column** ─────────────────────────────────

걷듯이 읽는 것－쇼펜하우어의 가르침

기타가와 사키코(北川東子)

하루 종일 다른 사람이 쓴 글을 읽고만 있으면, 계속 말을 타고 있던 인간이 걷는 것을 잊어버리고 마는 것처럼 스스로 생각하는 능력을 잃고 맙니다. 살아가는 지혜에 대해서 생각했던 철학자 쇼펜하우어는 이렇게 말했습니다. '많은 학자가 너무 많이 읽어서 바보가 되어버렸다.' 책을 읽지 말라는 것은 아닙니다. 걷는 것과 마찬가지로 읽는 것은 우리들 인간에게 자연스러운 본능적 행위이며, 천천히 걷거나 종종걸음으로 걸을 수 있는 것처럼 읽는 것에도 여러 가지 방법이 있어서, 각각의 사람들이 각각의 필요에 따라 읽어야만 합니다. 다만 독서는 무섭습니다. 계속 차만 타고 있던 인간이 언젠가는 허리를 다쳐서 걸을 수 없게 되는 것처럼, 공부를 위한 독서나 정보수집만의 독서를 계속한다면 생각하는 독서를 할 수 없게 됩니다. 이것을 쇼펜하우어의 가르침이라고 이름붙여 봅시다. 그런데 우리들은 책이나 텍스트를 읽을 뿐만 아니라 여러 가지를 읽고 있습니다. 사람의 표정을 읽고, 하늘을 우러러 날씨의 형편을 읽고, 사회의 움직임 속에서 자신의 미래를 읽습니다. 정보나 지식을 읽어낼 뿐만 아니라 읽음으로써 상황을 분석하고 동시에 가치도 평가합니다. 이 세계에는 확실히 읽지 않으면 안 되는 것이 많습니다. 때로는 자신의 사명이나 절망도 읽어야만 하겠지요. 그 연습으로 예를 들면 20세기 독일의 시인 릴케의 형이상학적 시집 『두이노의 비가 Duineser Elegien』를 읽어봅시다. 해변을 천천히 맨발로 걸으면 바다를 느끼는 자신과 바다는 하나가 됩니다. 쇼펜하우어의 가르침에 따르면 사람은 걷는 것처럼 읽어야 합니다.

(도쿄대학 총합문화연구과 교수. 비교문학 · 비교문화 전공)

└──

책, 그 아름다운 유혹의 세계

chapter 4

책, 그 아름다운 유혹의 세계

1. 읽는 쾌락과 기술 *

책은 경이롭다

쾌락과 기술이라니 꽤나 야단스러운 제목이라는 생각이 드네요.
부디 편안하게 들어주기 바랍니다. 『텍스트의 즐거움』이라는 아주
잘 알려진 책이 있습니다. 일세를 풍미했던 평론가 롤랑 바르트가
인생의 말년에 지은 애절한 아름다움이 감도는 에세이죠. 그 속에
서 바르트는 멋들어지게 말합니다. '텍스트의 쾌락에 대해서는 어
떠한 '명제(命題)'도 불가능하다.' 가능한 것은 기껏해야 자신의
체험을 돌아보고 생각해 보는 것 정도라고 말입니다. 그것도 중도
에 흐지부지 끝나버릴 것이 뻔합니다. 그렇게 서술한 뒤 바르트는
말을 이어갑니다. '그러나 무엇이 어떻게 되든 나는 텍스트를 즐
긴다.'

중요한 것은 바로 이 점입니다. 텍스트를 서적, 책이라고 바꿔
말해 봅시다. 저는 여러분이 책 읽는 즐거움을 듬뿍 맛보고 서적과
풍부하게 사귀기를 바랍니다. 독서에서 인생의 큰 기쁨을 얻어왔

---

* 노자키 간(野﨑歡), 도쿄대학 총합문화연구과 조교수. 언어정보과학 전공

다고 생각하는 인간으로서 진심으로 호소하고 싶습니다. 인생의 기쁨이 책밖에 없다는 말은 아닙니다. 그러나 책만큼 손쉽게 언제 어디서나 즐길 수 있는 것은 없습니다. 드러누운 채 고대 그리스의 철학이나 비극과 씨름할 수 있고, 따분한 강의시간에 자극적인 미스터리의 미궁을 헤맬 수도 있죠. 독서를 위해서는 전자 장비나 가상회로도 필요 없으며 단지 페이지를 넘기기만 하면 됩니다. 책이란 인간이 발명한 최대의 경이로움이라고 소리치고 싶어지지 않습니까?

냄새를 맡아라

물론 제일 먼저 해야 할 일은 책을 손에 드는 것. 형태 있는 물건으로서의 책을 당신의 손으로 붙드는 것이지요. '물건'이라는 것은 책의 극히 중요한 성질입니다.

서적은 그 물질성과 떼어놓을 수 없다. 서적이란 말하자면 텍스트를 발생·현현(顯現)시키는 물질적인 장치며, 우리들은 서적 속에서 처음으로 텍스트와 만난다.
—시미즈 도오루, 『서적에 대하여—그 형이상학과 형이하학
(書物について—その形而上學と形而下學)』

말하고자 하는 것은 명쾌합니다. 저자는 또한 서술하고 있습니다. 소년시절 처음 받은 용돈으로 갖고 싶었던 책을 샀을 때의 느낌. '그것은 결코 읽고 싶었던 텍스트를 읽게 되었다는 것뿐만이 아니다. 이야기의 세계로, 또 과학의 세계로 인도해 준다는 약속이 '서적'이라는 물체의 모습과 감촉으로 지금 내 손 안에 있다는, 거

의 에로틱하다고까지 말할 수 있는 기쁨이다.'

즉 책은 관능을 가지고 만나야만 합니다. 읽기 시작하기 전에 우선 찬찬히 그 전신을 응시하고 코를 가까이 가져가 충분히 냄새를 맡는 것이 좋습니다. 어학의 천재였던 시인 니시와키 준자부로(西脇順三郎)가 중학생이었을 때, 초등학교 6학년인 사촌동생에게 영어를 가르치게 되었습니다. 그는 처음으로 영어교과서를 만져보는 사촌동생에게 '냄새를 맡아라!' 라고 명했다고 합니다. 책의 물질성(物質性), 신체성(身體性)을 존중하고 존경하는 것에서 사귐이 시작됩니다. 사귐을 깊게 하기 위해서 책은 스스로 사야만 합니다. 학생시절 돈이 떨어진 상태에서 샀던 책은 보물이 될 가능성이 높겠지요. 원래 미려한 커버를 씌운 책에다가 일본의 책방은 그 위에 자신의 가게에서 만든 커버까지 씌워 주지만, 이것은 거절하든지 후딱 버리는 것이 바람직합니다. 그렇게 하는 편이 책의 신체를 보다 직접 느낄 수 있으니까요. 조금 힘을 주어 표지를 크게 열어젖혀서 제본 상태 등을 확인하고 새침한 모습을 조금 흐트러뜨린다든지 하는 사이에, 물건으로서의 책이 손에 길들여지고 서로의 의사가 소통되기 시작하는 느낌이 듭니다.

읽을 수 있다는 흥분

사귐이라고 말하고 의사소통이라고 쓰긴 했지만, 독서는 이른바 커뮤니케이션의 틀에 포함되는 작업이 아닙니다. 친구와 수다를 떠는 것과 책을 읽는 것은 전혀 다른 행위입니다. 여하튼 책을 읽을 때는 혼자니까요. 독서하는 사람의 모습은 고독합니다. 그러나 거기에 감도는 것은 쓸쓸함이 아니라 오히려 어떤 충만함이지요. 그 사람은 지그시 움직이지 않고 있지만 내부에서는 무언가 활발한 움직임이 일어나는 것을 느낄 수 있습니다. 그렇다면 도대체 무슨 일이 일어나고 있는 걸까요?

문자에 숨결을 불어넣고 소리가 되어 울려 퍼지게 하는 일종의 마술이 거기에서 연출되는 것입니다. 하얀 페이지에 흩어진 잉크의 얼룩을 눈으로 보고 귀로 듣습니다. 그것 자체가 이미 깊은 쾌락을 내포하는 행위임에 틀림없습니다. 유아들을 보세요. 어느 날 그림책을 읽어주는 데 만족하지 않고 거기에 흩어져 있는 기호를 자신이 소리내 보려고 시도합니다. 더듬거리면서도 사랑스러운 최초의 낭독의 기쁨을 모든 독서는 무의식 속에서 반복하고 있는 것은 아닐까요.

문자라는 기호를 읽는 것은 왜 재미있을까요? 그것은 고독한 가운데 이루어지고 자기 혼자의 힘에 의존하는 완전한 자립행위이며, 또한 고독을 넘어선 무언가와 만나는 실감으로 일관된 체험이기 때문입니다. 기껏해야 글자의 나열에 지나지 않는데도 거기에 누군가 있어서 이야기한다는 사실을 역력히 감지하는 놀라움. 게다가 그 단어를 바로 자기 자신이 인식하고 의미있는 덩어리로 일으켜 세우려고 하는 반응. 그러한 감정적인 상승이 책 읽는 우리를 고취시키는 것입니다.

그 고양된 감정을 실감할 수 없었던 사람에게는, 어른이 되고 나서야 비로소 책 읽는 기술을 깨달은 한 남자의 설렘을 그린 레이 브래드베리의 SF 『화씨 451』을 권합니다. 아니, 그보다 이 책을 원작으로 해서 원작 이상으로 강하게 책에 대한 사랑을 촉구한 프랑수아 트뤼포 감독의 영화 「화씨 451」을 보시기 바랍니다. 책을 읽을 수 있다는 상황이 얼마나 흥분할 만한 것인가를 새삼스럽게 납득하게 될 것입니다.

문학이 부르는 소리

독서 행위를 커뮤니케이션이나 정보 전달과는 조금 다른 차원에서 평가해야 하는 이유는 문장에 대한 친밀함 때문입니다. 소리를 듣는다고 하지만 실제로는 문자가 뇌 속에서 불러일으키는 환상에 지나지 않습니다. 그러한 문자의 신기한 힘의 작용을 모든 형태로 조직하고 확대하며 탐구하려는 행위, 이것이 문학입니다.

읽는 쾌락이란 곧 문학의 기쁨이라고 믿습니다. 그것은 반드시 소설이나 시 같은 종류만을 가리키는 것이 아니라 무심코 끌려들어가서 탐닉하여 읽어버리는 것이라면 무엇이든 '문학' 입니다. 역사책이나 미술책, 미스터리, SF, 만화 모두 마찬가지죠. 다만 문장의 가능성을 최고도로 실현하는 영역은 이른바 좁은 의미에서 말하는 '문학' 입니다. 그렇게 확신합니다.

요즘 문학은 끝났다, 소설은 죽었다는 논조가 넘쳐나고 있음은 이미 잘 알고 있습니다만, 원래 그러한 비평적 언사는 문학 그 자체와 마찬가지로 오래된 것이라고 할 수 있죠. 이러한 문구를 그냥 그대로 받아들여서 이 세상의 참으로 멋진 것, 재미있는 것과의 만남을 방해받는다면 매우 애석한 일입니다. 자, 그런 문제는 차치하고 어쨌든 독서를 시작해 보십시오.

나를 '이슈멜' 이라고 불러주오. 몇 년 전인가 (정확하게 몇 년 전인지는 아무래도 좋다.) 주머니가 거의 바닥나고 육지에는 그다지 흥미로운 일이 없었기 때문에 잠시라도 배를 타고 나가 물의 세계를 구경하고 와야겠다고 생각했다. 그것이 나의 흉포성을 달래고 혈행을 조절하는 나름의 방법이었다.

— 허먼 멜빌, 『백경』

세상에서도 유명한 술주정뱅이 여러분, 그리고 보라! 거기 당신! 참으로 귀중한 매독에 걸린 여러분, 그래도 나의 서적이 바쳐질 곳은 바로 당신들이다.

—프랑수아 라블레, 『가르강튀아 / 팡타그뤼엘』

나란 인간은 도대체 언제까지 나 그대로인가. 멍청하게 반복하면서 그렇게 생각하고 있음을 깨닫고 사요코는 쓴웃음을 짓는다.

—가쿠다 미츠요, 『대안(對岸)의 그녀』

이 글들은 페이지를 차례로 넘기는 단순한 운동을 권장해 마지않는다는 점에서 조금도 다르지 않습니다. 그런데도 여기에 그려진 상황이나 문장의 표정은 완전히 다릅니다. 새로운 작품에 몰두할 때마다 우리들은 개별된 독립 세계로 이끌려 들어가 거기에서 자아를 잊습니다. 자아를 잊는다는 체험에는, 우리들의 자아를 보다 부드러우면서도 강하게 키워주는 효능이 있는 것 같습니다. 매혹적인 것을 많이 아는 것은 인간의 문화와 역사에 참여하는 일원으로서의 자각을 안겨주고, 그것을 더욱 넓고 깊게 알고 싶어하는 정열을 가져다주기 때문입니다.

왜 문학인가? 서둘러서 두 가지 이유를 덧붙여 둡니다. 하나는 문학이 기본적으로 전문지식이나 준비를 필요로 하지 않는 영역이고, 읽는 사람은 책을 펴기만 하면 된다는 자유로움을 본질로 하기 때문입니다. 문과 · 이과를 불문하고 누구나 지금 당장 입문 가능한 것이 문학입니다. 다른 한 가지 이유는 반복해서 설명하게 되는데, 문학이란 '문장'의 힘을 접하기 위한 최적의 장소이기 때문이죠. 정보로 환원되지 않는 언어의 볼륨, 풍치, 정밀함을 감득(感得)

할 수 있는 능력을 키우지 않고서야 언어를 가진 동물로 태어난 보람이 없지 않을까요.

무엇을 읽을까

읽을 의욕은 있는데 도대체 무엇을 읽어야 좋을지 모르겠다고 푸념을 늘어놓는 학생들이 해마다 늘어나고 있습니다. 부디 이 책을 활용해 주기 바랍니다. 그리고 한마디 덧붙여 고민될 때는 이와나미 문고(岩波文庫)를 읽으라고 말해 주고 싶습니다. 읽지 않은 이와나미 문고가 몇 백 권이나 있다는 것은(나 자신이 그렇습니다만,) 인생의 즐거움을 아직 다 맛보지 못했다는 뜻입니다. 그 책들은 겉멋 때문에 시대의 변천이나 유행의 변화 속에서 살아남은 것이 아닙니다.

또 다시 시대에 뒤처진 교양주의라는 틀에 박힌 비판을 받기는 싫습니다. (교양이 왜 나쁜가! '교양이야말로 쾌락의 딸이지 노고의 딸이 아니다'라고 스페인의 철학자 오르테가가 말한 것처럼 교양을 가꾼 사람은 행복해질까요?) 그래서 일본의 활기찬 젊은 작가의 말로 제 기분을 대변해 보지요. 얼굴 사진을 공개하지 않은 채 인터뷰나 그 외 저널리즘의 형식에 일체 대응하지 않고, 오로지 '문장'의 작가이기를 일관하여 온 멋진 남자, 마이죠 오타로(舞城王太郎)의 데뷔작 『연기, 흙, 또는 희생물』의 한 구절입니다.

인생은 혼돈스럽고 문맥도 주제도 없으며 연속성조차 때로는 잃어버리고 만다. 거기에는 애초부터 이유도 원인도 근거도 없으며, 결과도 귀결도 결론도 없다. 그것은 마치 주체할 수 없을 정도로 잠이 오는 주제에 묘하게 흥분하는 초등학생의 지루한 혼잣말 같은 것으로, 주의를 기울여 보면 온갖 종류의 바보 같은 것이나 경탄해야 할 것이나 따분함으로 흔해 빠진 것이 맥락 없이 나열되어 있음을 누구라도 알아차린다. 애매함과 혼란스러움, 그것이 사람을 상당히 피곤하게 하는 것이다. 나는 중학생 시절 누군가의 집 책장에서 슬쩍 가져온 단테의 『신곡』을 좋아해서 기회 있을 때마다 되풀이해서 읽었다. 이것은 인생의 열쇠가 되거나 열쇠인 체하거나 하는 그 무엇도 아니었지만, 의미 있을 것 같은 단어를 주워 마음 한 구석에 기록해 두는 습관으로 남았다. 이러한 단어는 우연한 장면에서 번쩍 빛을 내며 나를 인도해 궁지에서 구해 주거나, 구해 준 것 같은 기분이 들게 하므로 귀중한 보물이다.

'귀중한 보물이다' 라는 끝부분의 둔탁한 한 마디가 설득력 있습니다. 독서의 즐거움이 그 때만의 순수한 희열이어도 상관없습니다만, 그러나 동시에 인생에 소중한 도움을 주는 경우도 얼마든지 있습니다. 생각하지도 못한 곳에서 다가오는 만큼 원군(援軍)에 대한 고마움은 커지게 마련이지요. 마이조의 소설에 등장하는 주인공은 미국의 종합병원에서 '척척, 척척' 경쾌한 가위질로 수술하는 능숙한 일본인 외과의사입니다. 수술 중 문득 『신곡』천당편이 입에서 술술 흘러나오는 아주 멋진 영웅입니다.

읽고 쓰다

읽는 쾌락을 지속시키는 데 가장 부러워할 만한 기법은, 이 청년 외과의사처럼 좋아하는 구절을 암기해 버리는 것이겠죠. 작품(작품의 일부)을 내 것으로 만들어버리는 것입니다. 이전에 내가 프랑스어를 담당했던 이과반 학생으로, 수업이 끝날 때마다 찾아와서는 모파상의 『여자의 일생』에서 여주인공이 첫날밤을 맞는 장면이라든가 토마스 만의 『마의 산』에서 철학적 강론을 주고받는 장면 등을 끝없이 암송해서 들려주는 학생이 있어서, 그 특별한 기억력에 경탄한 적이 있습니다.

그러한 능력을 타고나지 못한 사람은 (유감스럽게도 저도 그렇습니다.) 여하튼 연필을 손에 들고 그때그때 밑줄을 그어 가면서 읽어야 합니다. 논문, 이론서 같은 부류는 물론이고 문예물이라도 무의식중에 선을 긋고 메모를 써넣고 싶은 충동으로 내달릴 수 없다면, 그것은 책이 재미없거나 책의 부름에 대해 자신의 정신이 충분히 반응하지 않거나 하는 어느 한 쪽입니다. 연필로 가볍게 감탄의 심정과 의문의 기호를 써두는 정도의 일이 중요합니다. 그것은 이미 '인용'이라는 적극적인 행위의 시작이기 때문이니까요.

읽은 후 감상을 쓰거나 리포트를 작성할 경우 가장 중요한 것은 우선 인용을 확실하게 할 수 있는가 하는 점입니다. 인용을 할 수 있다는 것은 책의 일부분을 파악했다는 것, 적어도 자기가 의미를 파고 들어갈 재료를 얻었다는 것입니다.

프랑스 근대문학에 빛나는 걸작 장편을 평생에 걸쳐 완성시킨 마르셀 프루스트는 유례 없는 독서가였지만 멍하니 읽는 나태함의 함정에도 민감했습니다.

독서가 우리를 지속적으로 부추기고, 마법의 열쇠가 우리 자신의 마음 깊은 곳에 있으면서 스스로의 힘으로는 들어가지 못했던 집의 문을 열어주는 한, 우리 생애에서 독서의 역할은 유익하다. 반대로 우리를 개인적인 정신생활에 눈뜨게 하는 대신, 그것을 바꾸려고 할 때 독서의 역할은 위험한 것이 된다.

단지 책의 매력에 빠져있는 것만으로는 책에서 진정한 가치를 끌어내지 못한다고 마르셀 프루스트는 경계합니다. 그는 또 독서에 의해 자신의 정신활동이 고무되어 자신 속에 감추어진 보물이 발굴되지 않는다면 책은 허무할 뿐이라고 가르쳐줍니다.

  위대한 작가가 되고 싶어 안달하던 마르셀 프루스트의 생각은 차치하고라도, 일반 독서인들에게도 독서가 자기 자신을 좋은 방향으로 부추길 수 있는 것이었으면 좋겠습니다. 무심코 밑줄을 긋고 있는 상황은 이미 책이 우리를 부추겨서 움직이고 있다는 증거 아닐까요? 그리고 자기 자신의 '정신생활'을 개척하기 위해서는, 예를 들면 밑줄 그은 곳을 발췌하여 쓰고, 거기에 자신이 어떠한 단어로 표현할 수 있을지 생각해 보는 게 좋습니다. 독서감상문을 적으라는 뜻이 아닙니다. 단순한 인상이나 문득 떠오른 생각이라 할지라도 학교 숙제로서 쓰는 것이 아니라 오로지 자기 자신을 위한 메모로 적어봅시다. 그러면 그저 계속 읽기만 하면서 끝내는 것이 아니라 거기에서 자기 나름의 방향으로 걸어 나갈 가능성이 떠오를 것입니다.

음미하는 것의 행복

  연필을 잡고 읽는다거나 메모를 한다거나 하는(혹은 일본어 책을 읽을 때에도 사전을 찾아라, 첫머리 부분은 특히 집중해서 읽어라 등등) '기술'에 대해서는 대략적인 충고밖에 할 수 없습니다. 물론 입시공부에서 배운 현대문학 공략 테크닉은 정확하게 읽는 데 도움이 될 것입니다. 그러나 현재 여러분 앞에 있는 것은 시험 문제가 아닙니다. 여러분이 마음 내켜서 골랐으며 즐겨야 할 한 권의 책입니다. 자신의 능력을 스스로 시험하고 진보하는 스릴을 만끽하기 바랍니다.

그럴 경우 젊은이들에게 추천하는 방법으로는 '조금 어려워 보이는 책을 집어 든다' 입니다. 어려운 책을 읽고 뽐내기 위한 것이 아닙니다. 그것이 생(生)의 충실감을 얻는 지름길이기 때문입니다. 생의 충실감을 느끼는 데는 '매일 살아가는 시간에 내용이 가득 차 있을 뿐만 아니라, 시간의 흐름에 대한 적당한 저항감도 없어서는 안 된다'라고 가미야 미에코(神谷美惠子)는 말합니다. '너무나도 스르르 흘러가 버리는 시간은 의식에 거의 흔적을 남기지 않으니까'라고 말입니다(『사는 보람에 대하여』).

현대 문명은 만사에 바로 이 '스르르'라는 느낌을 최선으로 삼아 진전하고 있습니다. 문학작품과 사귀고 고전에 집중하는 것이 더욱 더 중요하게 여겨지는 이유입니다. 유용한 정보로 환원되지 않기 때문에 오히려 그런 책들은 마음에 '흔적'을 새기는 힘이 있습니다.

번역서를 읽는 즐거움, 시나 철학서를 접하는 재미. 그리고 외국어로 쓰인 책을 통독할 때 얻는 만족감. 그런 것에 대해서도 역설하고 싶었는데, 그만 지면이 다하고 말았네요. 마지막으로 시를 하나 선물하겠습니다. 타데우쉬 루제비츠라는 폴란드 시인의 「어쩌면 이렇게 멋질 수가」라는 시입니다.

어쩌면 이렇게 멋질 수가 산딸기를
숲에서 딸 수 있다니
숲도 딸기도 이제 없다고
생각했는데

어쩌면 이렇게 멋질 수가 나무그늘에서

잠들 수 있다니

나무에 그늘은 이제 생기지 않는다고

생각했는데

어쩌면 이렇게 멋질 수가 너와 함께 있을 수 있다니

이렇게도 심장이 고동친다

인간에게 심장은 이제

없다고 생각했는데

먼 나라의 언어를 번역한 시가 이토록 신선하게 다가오다니, 그야말로 '멋진' 일입니다. 게다가 쉬운 말인데도 거기에는 중첩된 수수께끼가 있습니다. 어째서 이 사람은 숲도 딸기도 나무그늘도 잃었다고 생각했던 것일까요. 왜 인간에게 이제 심장은 없다고 생각하게 되었을까요. 역사적 배경을 살펴보면 어떨까요. 혹은 이 시의 형태 자체에 어떠한 기법이 사용된 것은 아닐까요? 시의 부름에 응하는 방법은 다양합니다. 저자의 경력을 살펴봐도 좋고 번역자가 폴란드 시에 대해서 어떠한 소개나 논고를 발표한 것이 있는지 찾아봐도 좋습니다. 결국 이런 작업들이 촉발되었을 때 우리들 내부에서는 '어쩌면 이렇게 멋질 수가'의 후렴구가 계속 울려 퍼지게 될 겁니다. 그 신기한 매력을 보다 깊이 음미하고 싶어집니다. 음미하는 것의 행복을 분명히 느끼게 될 것입니다.

여러분은 부디 그런 시간을 많이 경험할 수 있기를 기원할 따름입니다.

추천서

- 롤랑 바르트, 『텍스트의 즐거움』, 김희영 옮김, 동문선, 1997.
- 淸水徹, 『書物について―その形而上學と形而下學』(시미즈 도오루, 『서적에 대하여―그 형이상학과 형이하학』), 岩波書店, 2001.
- 齊藤兆史, 『英語達人列傳―あっぱれ, 日本人の英語』(사이토 요시후미, 『영어달인 열전―장하다! 일본인의 영어』), 中公新書, 2000.
- 레이 브래드베리, 『화씨 451』, 박상준 옮김, 시공사, 2001.
- 허먼 멜빌, 『백경』, 현영민 옮김, 신원문화사, 2005.
- 프랑수아 라블레, 『가르강튀아 / 팡타그뤼엘』, 유석호 옮김, 문학과지성사, 2004.
- 가쿠다 미츠요, 『대안의 그녀』, 최선임 옮김, 지식여행, 2005.
- Valery Larbaud, *Ce vice impuni, la lecture:Domaine anglais;suivi de, Pages retrouvées*, Gallimard, 1998.
- 舞城王太郎, 『煙か土か食い物』(마이조 오타로, 『연기, 흙, 또는 희생물』) 講談社文庫, 2004.
- 단테, 『신곡』, 최민순 옮김, 을유문화사, 1987.
- 기드 모파상, 『여자의 일생』, 신인영 옮김, 문예출판사, 2005
- 토마스 만, 『마의 산』, 곽복록 옮김, 신원문화사, 2005, 2006.
- John Ruskin, *Marcel Proust trans*, Sésame et les lys, 1906.
- (영문판: Marcel Proust, Sylvia Townsend Warner trans, *Marcel Proust: On Art and Literature 1896~1919*, Carroll & Graf Publishers, 1997.
- 神谷美惠子, 『生きがいについて』, 神谷美惠子コレクション(가미야 미에코, 『사는 보람에 대하여』, 가미야 미에코 콜렉션), みすず書房, 2004.
- タデウシュ・ルジェヴィッチ, 『世界文學のフロンティア2 愛のかたち』(타데우쉬 루제비츠, 『세계문학의 프론티어 2 사랑의 형태』), 岩波書店, 1996.
- 沼野充義, 『徹夜の塊―ユートピア文學論』(누마노 미쓰요시, 『철야의 덩어리―망명문학론』), 作品社, 2003.

뜨거운 가슴과 차가운 머리

후카가와 유키코(深川由起子)

신출내기 조사부원 시절에 '공업화의 제일보는 적정기술의 선택과 경제 인센티브의 침투다. 메이지시대의 일본에서는 오카타니(岡谷)라는 시골의 제사업자(製糸業者)들도 이것을 이해하고 있었다는 것이 굉장하다'라며 추천받았던 책이 야마모토 시게미(山本茂美)의 『아아, 노무기의 언덕-어느 제사 여공의 슬픈 역사』였습니다. 비참한 노동환경, 그 곳으로 딸을 내보낸 농촌의 무지와 빈곤은 상상을 초월했지만, 그래도 일에서 인정받고 높은 임금을 받던 사람들은 가계를 유지했습니다. 머지않아 경쟁력을 높인 일본이 제사 왕국이 되자 그 은혜는 일본 전체로 퍼졌습니다. 노파들의 기억은 경제발전이란 무엇인가를 선명하게 이야기하며, 사회과학에 뜻을 둔 사람에게는 '뜨거운 가슴과 차가운 머리'란 무엇인가를 생각하게 하는 의미가 있습니다.

부국강병을 향한 광분은 이윽고 이웃 나라를 둘러싸고 일어났습니다. 한국의 작가 한운사의 『현해탄은 알고 있다』는 태평양전쟁 중에 일본군에 들어가게 된 조선 출신자의 이야기입니다. 일본인과의 따뜻한 인간교류를 그린 내용인데, 당시의 일본인에 대한 냉정하고 해학적인 관찰이 오히려 흥미롭습니다. 또 하나의 이웃 나라인 중국에 대해서는 스털링 시그레이브의 『송씨 왕조』가 강렬한 인상을 줍니다. 이미 절판되었지만 도서관이나 인터넷에서는 금방 찾을 수 있습니다. 명문가인 송씨 집안의 세 자매 중 경령(慶齡)은 손문, 미령(美齡)은 장개석, 그리고 애령(靄齡)은 중화민국의 경제장관과 결혼합니다. 각각의 인생은 그 자체가 중국의 근대사였으며 그 장대함은 결국 현재 중국인의 파워와 통합니다. 글로벌 시대에도 자기 나라의 역사와 이웃 나라와의 관계에 대한 이해는 필수 교양입니다.

(도쿄대학 총합문화연구과 교수. 언어정보과학 전공)

2. 읽어서는 안 되는 책 15권 *

'읽어서는 안 되는 책 15권'이라는 제목은 아무리 해도 역설로 잔재주를 부리는 것으로 들릴 게 틀림없습니다. 이런 종류의 표현법에는 대개 '그래도 읽고 싶은 사람은 읽어 봐라'라는 빤히 들여다보이는 도발적인 의도가 담겨있기 때문입니다. 분명히 정말로 '읽어서는 안 된다'고 한다면, 여기에 구체적인 제목을 쓰거나 하지 않고 누구에게도 말하지 않은 채 침묵하는 것보다 좋은 일은 없겠죠. 하지만 적어도 '독서론 강의'라는 명목을 내건 이 책에 리스트를 게재하는 이상, 그것은 읽으라고 말하는 것과 거의 같은 이야기입니다.

그러나 다음에 나오는 책의 절반 이상을(적어도 어떤 종류의 사람들은) '읽어서는 안 된다'고 진심으로 생각하고 있습니다. 그건 반드시 이 책들이 얼마간 양심에 위배되거나 조금이라도 풍속을 문란하게 할 경향이 있기 때문이 아니라 (그 정도의 책이라면 요즘 세상에 넘쳐나고 있습니다.) 인생의 중요한 분기점에서, 읽는 사람에 따라서는 서 있는 토대 자체를 붕괴시킬지도 모르는 위험한 계기를 내포하고 있기 때문입니다. 아직 자아가 확립되지 않은 젊은이에게 이 책들은 어쩌면 회복 불가능한 사태를 일으킬지도 모릅니다. 어쩌면 이미 자아를 확립했다고 믿는 사람에게도 뜻하지 않던 강렬한 여진을 가져오고, 경우에 따라서는 자신이 이제까지 걸어왔던 길을 벗어나 버리게 할지도 모릅니다. 그러니까 자신이 걸어가야 할 길을 이미 결정하고 바꿀 마음이 없는 사람, 자신

---

* 이시이 요지로(石井洋二郎), 도쿄대학 총합문화연구과 교수. 지역문화연구 전공

이 이제까지 보아 왔던 낯익은 풍경 속에서 쾌적하게 안주하고 싶은 사람, 현재 자신의 상태가 이대로 죽 계속되기를 막연하게 바라는 사람은 역시 지금부터 소개하는 15권을 읽지 않는 편이 좋다고 봅니다.

다만 독도 약도 되지 않는 책보다는, 적어도 약은 되지 않더라도 독이 되는 서적 쪽에 매력을 느끼는 사람도 적지 않겠지요. 더욱이 '교양'이라는 것을, 살아가는 데 불가결한 일종의 지적 체력이라고 한다면, 그저 약만을 섭취하는 것이 아니라 때로는 치사량에 미치지 않을 정도의 독을 사용해 보는 것도 필요할지 모릅니다. 물론 무슨 약물이 어떤 효과를 가져올지는 개인의 체질에 따라 다르며, 복용해야 할 양도 사람에 따라 다르기 때문에, 여기에 소개하는 책이 누구에게나 동일하게 작용할지 어떨지는 보증할 수 없습니다.

이제 소개할 리스트는 말하자면 연상 게임에서처럼 떠오르는 대로 열거한 것으로 작가의 국적별도 아니고 시대순도 아닙니다. 목적 없는 산책과도 같은 독서라는 작업에 카테고리 구분이나 일목요연함은 전혀 필요 없습니다. 단지 이 항목의 취지 때문에 아무래도 문학작품에 중심을 둔 선택이 되었다는 점은 밝혀둡니다. 또한 원칙적으로 손쉽게 구할 수 있는 책으로 한정했기 때문에 몇몇 후보작은 부득이 리스트에서 뺐다는 점을 미리 말해 두고 싶습니다.

오에 겐자부로, 『우리들의 시대』

노벨상을 수상한 세계적인 대작가의 작품을 이 항목의 필두에 두는 것은 비판받을 짓이겠죠. 하지만 나에게 오에 겐자부로는 어디까지나 인간의 생(生)을 규정하는 2대 요소인 '성(性)'과 '정치(政治)'가 교차하는 혼돈스러운 세계를 속도감 넘치는 문체로 그려낸 한 명의 도전적인 청년작가입니다.『개인적 체험』이나『만연원년(万延元年)의 풋볼』에서 받은 선명하고도 강렬한 인상도 잊을 수 없습니다. 그 책들은 오히려 '읽어야만 하는 책'의 부류에 속하는 것으로, '읽어서는 안 되는 책'이라고 한다면 역시 이 책을 들지 않을 수 없습니다. '쾌락적인 동작을 계속하면서 형이상학에 대해서 생각하는 것'을 언어에 의존해서 실천한 작품으로, 양식(良識)을 거스르는 듯한 문장의 리듬을 일단 타게 되면 어디까지 실려가 버릴지 모르는 과격한 작품입니다.

헨리 밀러,『북회귀선』

오에의 작품과 유사한 책을 서양 작가에게서 찾는다면 가장 먼저 떠오르는 것이 이 책입니다. 밀러라고 하면 대담한 성(性) 묘사로 잘 알려져 있지만, 이 작품을 실제로 읽어본다면 거기에 늘어놓은 언어의 무리는 결코 무슨 '묘사'가 아니라 그 자체가 성의 약동이며 욕망의 분출이라는 것을 실감합니다. '나는 더욱 더 많은 재앙을, 더욱 큰 재난을, 더욱 장렬한 실패를 소리 높여 구하고 있다. 나는 전 세계가 미쳐버리면 좋겠다고 빈다. 모든 사람들이 몸을 할퀴고 죽어버리면 좋겠다고 빈다.' 이 한 구절로 집약되는 정열(pathos)의 격류는 최종적으로 '성(性)=생(生)'이라는 전면적 긍정의 외침으로 수렴된다고 하더라도, 취약한 감성의 소유자에게는 역시 정면으로 맞서는 데 상당한 각오와 체력이 요구됩니다.

루이 페르디낭 셸린느,『밤 끝으로의 여행』

밀러의 작품과 거의 같은 시기에 프랑스에서 출판된 이 책도 음란한 에너지가 충만하다는 점에서 한 발도 뒤지지 않는 작품입니

다. '눈을 감기만 해도 족하다. 그러면 인생의 저편이다.' 책머리
에 실린 이 문장이 예고하는 것처럼 분방한 상상력이 자아내는 악
몽과도 같은 언어공간은, 우리를 현재 있는 곳에서 납치하여 단숨
에 미지의 세계로 데려가 버립니다. 전쟁의 광기에 상처받고 저주
와 증오로 덧칠된, '생(生)에서 사(死)로의 여행'을 계속하는 화자
의 깊은 절망에 직면했을 때, 그것이 친숙한 풍경처럼 길들여지면
서 낯익은 사고나 감정에 흠뻑 잠기고 마는 이들은 자신의 존재가
격하게 교란되는 것을 느끼지 않을 수 없을 것입니다.

도스토예프스키, 『지하로부터의 수기』

어쩌면 약간 당돌하게 들릴지 모르겠지만 이성이나 희망에 대한
신뢰를 빼앗긴 셀린느의 비극적 상황은, 이 책의 '나는 병든 인간
이다 ……'라고 시작되는 소 관리(小官吏)의 자학적 페시미즘
(pessimism)과 깊은 곳에서 공명하는 듯한 느낌이 듭니다. 작자에
게도 큰 전기가 된 이 작품은 '벌레 같은 인간조차 되지 못한' 인
간의 극한에서 연마된 자의식(自意識) 상태를 주제로 한 것으로,
저 유명한 『죄와 벌』이나 『까라마조프네 형제들』 등에 비하면 확
실히 얌전한 소품입니다. 하지만 단순히 '의식이 병들어 있는' 것
이 아니라 '의식 그 자체가 병'이라는 수준에까지 분석의 심연이
깊어지는 과정은, 읽다 보면 숨이 막힐 것 같습니다. 자신에 대해
서 두루 진지하게 생각해 보려는 사람에게는 의외로 뒤에 소개하
는 대작들 이상으로 위험한 서적이 아닐까 싶습니다.

하니야 유타카, 『사령(死靈)』

도스토예프스키의 영향을 크게 받은 작가의 필생사업인 이 책

은, 1인칭 소설의 전통이 뿌리 깊은 일본문학에서는 극히 보기 힘
든 관념소설(觀念小說)의 기념비적인 소설입니다. 겨우 5일간 일어
난 사건을 그리는 데 방대한 문장을 소비하고 간신히 제9장까지
써내려 갔지만, 결국 완성하지 못한 채 작가는 세상을 뜨고 말았습
니다. 아무튼 난해함만이 강조되기 쉬운 작품이지만, 어딘가 방심
할 수 없는 등장인물들이 '허무와 진실이 혼돈하는, 하나로 뒤얽
힌 좁은, 게다가 끝없는 회색의 영역'에서 펼치는 형이상학적 드
라마 속으로 한번 끌려들어가면, 점차 세계를 보는 눈이 변해 가는
것 같은 기분조차 듭니다. 밀도 높은 추상적 사고에 감염되기 쉬운
사람은 꽤 깊이 빠져들 가능성이 있기 때문에 상당한 각오와 시간
이 있는 사람이 아니면 읽지 않는 편이 낫습니다.

프리드리히 니체, 『차라투스트라는 이렇게 말했다』

같은 추상적 사고라도 니체에게는 그것을 담당하는 언어 하나하
나가 관념보다는 신체 그 자체로 꿰뚫고 들어오는 것처럼 느껴집
니다. '신의 죽음'을 선고한 것으로 잘 알려진 이 책은 젊은이들에
게는 오히려 필독서로 추천되어야 할 책이지만, 굳이 '읽어서는 안
되는' 책으로 소개한 것은 전적으로 그 문체가 내포한 심상치 않은
압력의 강도 때문입니다. '자, 저편을 보라! 태양이 초조하게 달려
서 바다를 건너오는 모습을 보라! 너희들은 태양이 내뿜는 사랑의
갈증과 뜨거운 숨결이 느껴지지 않는가?'라는 문구를 읽고, 그 의
미를 이해하기보다 먼저 몸이 반응해 버리는 사람은 아무쪼록 주
의해야만 합니다. 이것은 순진한 영혼을 전부 태워버릴 수도 있는
강렬한 에너지를 방사하는 장대한 선동(agitation) 서적입니다.

마키 드 사드, 『악덕의 번영』

사드와 니체는 직접적으로 영향을 주고받은 사이는 아니었지만, 서로 관련짓는 경우가 많은 고유명사입니다. 아마 양자의 사고 형태가, 표현하는 방법은 전혀 다르지만 본질적으로 같은 형이상학적 벡터로 관철되어 있기 때문일 것입니다. 잇달아 전개되는 처참하기 짝이 없는 광경은 직시하기 힘든 잔학함으로 물들어 있습니다. 하지만 이 책에서는 동시에 독자적인 '악(惡)의 철학'도 장황하게 서술하고 있으며, 이른바 '사디즘(sadism)'이라는 것이 의외로 순수한 관념의 산물이라는 사실을 알 수 있습니다. 작가는 생애의 3분의 1을 옥중에서 보냈는데, 비좁고 답답한 밀실에 유폐되어 있었기 때문에 상상력의 날개를 한층 더 크게 펼쳤던 것은 아닐까요. 어쨌든 '내 이름을 영원히 세인(世人)의 기억에서 말살하라'는 유언과는 반대로 지금 그 이름이 사람들 입에 회자되고 있으니 참으로 아이러니입니다.

조르주 바타유, 『눈 이야기』

바타유 또한 사드나 니체와 같이 정신적 계보에 속하는 저술가였습니다. 그가 익명으로 간행한 이 처녀작은, 인간이 이런 서적을 써낼 수 있다는 사실 그 자체가 독자를 깜짝 놀라게 했던, 진실로 배덕(背德)적이며 독신(瀆神)적인 포르노그래피입니다. '읽어서는 안 된다'는 점에서 말한다면 이 이상의 서적은 없을 것입니다. 솔직히 여기에 타이틀을 적는 것을 상당히 주저했습니다. 물론 바타유의 사상(思想) 전체에 입각하여 거꾸로 생각해 보면, 이 책도 '에로티시즘'이라든가 '성성(聖性)'이라는 관념의 은유적 전개로 이해할 수 있습니다. 그렇다 하더라도 제시된 이미지의 생생한 박력은 이론을 넘어서 충격입니다. 이런 종류의 책에 면역력이 없는 사람, 그리고 어디까지나 유서 깊은 교양을 지니고 싶은 사람은 결코 읽어서는 안 됩니다.

다니자키 준이치로, 『열쇠』

에로티시즘이라는 관점에서 다시 일본문학으로 눈을 돌려보면, 역시 성(性)의 기운을 서술하는 데 견줄 자가 없다는 이 작가에게 아무래도 시선이 머뭅니다. 본편은 부부의 일기형식으로 되어 있으며 전체의 절반 정도가 한자가 전혀 없는 가타가나로 적혀 있기 때문에 약간 읽기 어려운 작품이지만, 이 난해함이 자못 은밀한 내용과 신기한 공명효과를 빚어내고 있습니다. 소년시절 처음으로 읽었을 때는 그야말로 떨어져 있던 '열쇠'를 어쩌다 주워서, 열어서는 안 되는 문을 열어버리고 만 것 같은 떳떳하지 못한 뒷맛을 느꼈습니다. 수많은 다니자키의 작품 중에서도 비밀스러운 분위기와 아슬아슬한 묘사에서는 유례가 없는 그야말로 어른을 위한 소설로서, 충분히 성숙하지 못한 인간이 그저 무심코 읽어서는 안 될 책이라는 인상은 지금도 변함이 없습니다.

윌리엄 포크너, 『성역』

『열쇠』의 한 쪽 화자(話者)인 남편의 일기에는 '나는 포크너의 『성역(Sanctuary)』을 읽고 있던 중이었다'라는 구절이 나옵니다. 당시는 도대체 무슨 말인지 모른 채 뭔가 주문 같은 거라도 읽고 있다고 생각했지만, 나중에 이 작품의 존재를 알고 실제로 통독했을 때는 다시는 기어오를 수 없는 어두운 구덩이 속으로 끌려들어가는 듯한 알 수 없는 전율에 휩싸였습니다. 어딘가 기분 나쁜 등장인물들이 서식하는 '성역(聖域)'에서 전개되는 참담하기 이를 데 없는 이야기는 비뚤어진 욕망, 울적한 악의, 비정한 폭력 등 인간의 어두운 부분을 집요하게 그려냅니다. 읽은 뒤 느낌이 좋지 않은 점에서는 이것만 한 것이 없기 때문에 오로지 건강한 '교양'의 획득과 축적을 위해 책을 읽으려는 사람은 읽지 않는 편이 낫겠습니다.

장 주네, 『브레스트의 폭력자』

읽은 후 느낌이 좋지 않은 점에서는 '도둑 작가' 주네의 작품도 뒤지지 않습니다. 그의 소설은 어느 것이나 기성의 가치관을 근저부터 뒤집어엎는 침략적인 요소가 넘쳐나는데, 이 책은 그 대표작이라고 할 수 있습니다. 살인과 남색을 그린 세계는 끝없이 깊은 고독으로 가득 차 구원이 없으며, 범죄에도 동성애에도 흥미가 없는 건전한 독자라면 아마 정신이 혼미해질 것이 분명합니다. 그러나 오욕투성이인 주인공의 표정 속 그늘에서 사르트르가 '성(聖) 주네'라고 부른 작가의 얼굴이 문득 나타나는 순간, 우리들은 자신이 살고 있는 세계가 너무나도 작은 진폭 안에 담겨져 있는 것을 새삼스럽게 인식하고 맙니다. '문학은 애초부터 더러움이 성성(聖性)으로 돌연 역전하는 이 드문 순간을 위해 단어를 짜내는 작업이었던 것은 아닐까' 하는 생각을 하게 만드는 작품입니다.

아르투르 랭보, 『지옥에서 보낸 한 철』

주네뿐만 아니라 프랑스의 문학 세계에는 동성애 작가가 다수 존재했는데, 가장 유명한 예는 랭보와 베를렌느 커플이 아닐까 합니다. 랭보가 십대에 썼던 이 기적적인 작품은 어정쩡한 재능을 모조리 퇴색시켜 버리는 진정한 '천재'가 확실히 존재한다는 사실을 강렬하게 어필합니다. 자신이 조금이나마 문학적 재능을 타고 난 것은 아닐까 자부하는 사람에게는 역시 정평 있는 '읽어서는 안 되는' 작품이라고 할 수 있습니다. 덧붙여 말하자면 랭보 자신은 파리국립도서관의 '지옥'이라고 불리던 판매금지 도서 코너에서 수많은 '읽어서는 안 되는' 서적을 탐독했다는 에피소드가 있습니다. 그러나 만일 읽고 싶은 마음이 생긴 경우라면 같은 작품이라도 번역자에 따라 얼마나 다른 양상을 띠게 되는지 알기 위해, 다양한 번역서를 읽고 꼭 비교해 보기 바랍니다.

하라구치 도조, 『20세의 에튀드』

이 책의 저자는 구 제일고(舊制一高)의 기숙사(지금은 없어진 도쿄대 고마바(駒場) 기숙사)에서 살았고, 랭보를 애독했으며, 1946년 19세의 나이로 물에 빠져 자살한 조숙한 준재(俊才)입니다. 이렇게 쓰면 흔히 있는 '창백한 문학청년의 자살' 이야기로 묻혀버릴 수도 있지만, 그가 남긴 수기(手記)는 이 청년의 사고가 놀라울 정도로 성숙하고 강인했음을 보여줍니다. 사람이 자살을 하는 이유는 '약함' 때문이 아니라 오히려 과도한 '강함' 때문이 아닐까 하는 생각마저 들게 합니다. '나의 정신은 피투성이가 되어 걷는다'라든가 '사랑은 바로 우리들의 고향임에 틀림없다. 나는 고향을 갖지 못했다'라는 갖가지 아포리즘(aphorism)은 처음 읽었을 때는 이루 말할 수 없는 절실함으로 예리하게 뇌리를 파고들었습니다. 한 인간으로서 자살에 대한 갈망이 없었다고는 할 수 없는 젊은 시절의 내게는 그야말로 아찔하면서도 위험한 매혹으로 가득 찬 책이었음을 고백합니다.

토마스 만, 『베니스에서의 죽음』

요절이 무작정 아름다운 건 아닌 것처럼 중년의 죽음 또한 마냥 추한 것은 아닙니다. 루키노 비스콘티 감독이 영화로 만들어 더 유명해진 이 책은, 휴양지 베니스에서 이 세상 사람이라고는 할 수 없을 정도의 미소년을 만나서 그 고혹적인 용모에 홀려 주술에 걸린, 중년 작가가 죽음에 이르는 영혼의 방황을 그린 소품입니다. 동성애의 모티브가 그렇게 겉으로 드러나 있지는 않지만 애처롭기까지 한, 고귀함에 둘러싸인 미(美)의 순교자 아셴바흐의 모습은 '멸망의 미학(美學)'에 유혹당하기 쉬운 체질의 소유자, 특히 어느 정도 인생 경험이 있는 중년층 독자를 위험한 매력으로 이끄는 치명적인 작품입니다. 영화에서는 마라의 교향곡 제5번 제4악장을 배경으로 콜레라가 만연하는 베니스의 거리를 방황하는 주인공의 모습이 인상적이었습니다. 이런 죽음이라면……, 하는 생각을 하게끔 만드는 감미로운 독을 내뿜는 작품이라고나 할까요.

로트레아몽 백작, 『말도로르의 노래』

내게 있어서 절대로 '읽어서는 안 되는 (또 안 되었던) 책'이라고 한다면 역시 이 책을 빼놓을 수 없군요. '누구든 죄다, 이후에 계속될 페이지를 읽는 것은 좋지 않다. 몇 사람만이 이 쓰디쓴 과실을 위험 없이 맛볼 수 있을 것이다. 그렇기에 두려움에 떠는 영혼의 주인이여! 미답의 황야에 더 이상 들어오지 않은 지금 발꿈치를 틀어라! 전진하지 말라!'라는, 그야말로 '읽어서는 안 되는 책'이라는 사실을 책머리에 명확하게 선언하고 있습니다. 이 도발적인 첫 구절 때문에 무심코 전진해 버렸던 나는, 존재했을지 모를 다른 진로를 (어리석게도?) 포기하고 그대로 '길을 벗어나' 버리고 말았습니다. 지금 생각해 보면, 이것은 '차가운 제도' 보다 '뜨거운 개인' 쪽에 몸을 두겠다는 논리적 선택이기도 했습니다. 이런 결단을 내린 내가 막상 대학교수가 되어 보니 조직의 틀 속에서 오히려 전자 쪽에 속하는 인간으로 보일 기회가 많으니 참으로 얄궂은 운명입니다. 어쨌든 이것이 정말 내가 내려야 할 결단이었는지 어땠는지는 잘 모르겠습니다. 아마 앞으로도 이를 깨달을 날은 오지 않겠지요.

이상이 내가 선별한 '읽어서는 안 되는 책 15권'입니다. 정말 두서없는 선택이었는데 만약 이 책들의 공통점을 말한다면 모두 다 '계몽'과는 무관한 것이라는 사실이겠죠. 길을 헤맬 때 한 권의 서적이 한 줄기 광명을 가져다주고 나아갈 방향을 비춰주는 일도 물론 있을 수 있지만, 그 중에는 오히려 읽었기 때문에 숲속을 더 헤매게 만들 것 같은 책도 있습니다. 그러나 깊이 헤맬 수 있는 가능성이 열려 있다는 것 또한 '교양'의 빼놓을 수 없는 한 측면이 아닐까요. 그러한 회로를 사전에 닫아버리고 직선적인 진로만을 '교양'이라고 부른다면 그러한 교양이 도대체 무슨 의미가 있을까요. 그것을 읽음으로써 지금의 내 자신을 뒤흔들고 허물어뜨리고 해체시키며, 그 결과 조금이라도 이전의 자신과는 다른 자신을 발견할 목적이 아니라면, 도대체 인간은 무엇을 위해 책을 읽는 것일까요. 여기에서 소개하고 싶었던 것은 오로지 그러한 '아름다운 미혹(迷惑)'으로 독자를 꾀어내는 반계몽적인 책들이었습니다.

읽어서는 안 되는 책 15권

- 大江健三郎, 『われらの時代』(오에 겐자부로, 『우리들의 시대』), 新潮文庫, 1990.
- 헨리 밀러, 『북회귀선』, 정영문 옮김, 문학세계사, 2004.
- 루이 페르디낭 셀린느, 『밤 끝으로의 여행』, 이형식 옮김, 동문선, 2004.
- 도스토예프스키, 『지하로부터의 수기 외』, 이덕형 옮김, 열린책들, 2002.
- 埴谷雄高, 『死靈』Ⅰ,Ⅱ,Ⅲ(하니야 유타카, 『사령』Ⅰ,Ⅱ,Ⅲ), 講談社文藝文庫, 2003.
- 프리드리히 니체, 『차라투스트라는 이렇게 말했다』, 정동호 옮김, 책세상, 2000.
- Marquis de Sade, *Histoire de Juliette ou les Prosperites du Vice*, 3 vols, French & European Pubns, 1976.
- 조르주 바타유, 『눈 이야기』, 이재형 옮김, 푸른숲, 1999.
- 다니자키 준이치로, 『열쇠』, 김용기 옮김, 책사랑, 2002.
- 윌리엄 포크너, 『성역』, 이진준 옮김, 민음사, 2007.
- Jean Genet, *QUERELLE*, Grove Press, 1989.
- 아르투르 랭보, 『지옥에서 보낸 한 철』, 김현 역주, 민음사, 1978.
- 原口統三, 『二十歳のエチュード』(하라구치 도조, 『20세의 에튀드』), ちくま文庫, 2005.
- 토마스 만, 『토니오 크뢰거; 트리스탄; 베니스에서의 죽음: 토마스 만 단편선』, 안삼환 외 옮김, 민음사, 2005.
- 로트레아몽, 『말도로르의 노래』, 윤인선 옮김, 민음사, 1997.

아시아를 말하다

후루타 모토오(古田元夫)

근대 일본은 아시아를 어떻게 상대해 왔는가, 그 역사를 되돌아보는 것이 지금 중요한 의미를 가집니다. '서양을 배우고 서양을 따라잡고 서양을 앞질러라' 라는 목표로 일본이 '대동아공영권', '근대의 초극(超克)'을 외치며 일으켰던 전쟁에서 패배하고 '전후(戰後)'로 불리던 시대가 시작되었을 때, 많은 사람들이 패전이라는 비극의 원인 중 하나는 일본의 근대화가 불철저했기 때문이라고 생각했습니다. 즉 일본의 '후진성' = '아시아성'에 원인이 있다고 말입니다. 여기에서 '아시아'는 '후진'과 같은 뜻이고 일본은 그러한 '아시아'의 일부인 '후진'적 존재였습니다.

이 시대에 일본과 구별되는 동양의 존재를 지적하고 동양과의 대비에서 근대 일본을 비판한 이가 다케우치 요시미(竹內好)였습니다(『일본과 아시아』, 특히 1948년에 저술한 「중국의 근대와 일본의 근대」). 다케우치는 노신(魯迅)이나 중국의 근대로 상징되는 '동양의 저항' 속에서, '저항' 없이 '주체성'을 상실한 '우등생'인 근대 일본을 초월하는 무엇인가를 발견했습니다. 또한 에구치 보쿠로(江口朴郎)는 '선진'과 '후진'이라는 논의가 어떤 나라의 내부만을 보고 행해지는 것을 비판하고, 제국주의 시대에 있어서 제국주의 지배라는 국제적 계기가 어느 사회의 봉건적 요소 등의 후진성을 강화하는 경우가 있음을 지적했습니다(『제국주의와 민족』, 특히 1950년에 저술한 「제국주의의 제 문제」). 다케우치나 에구치가 보았던 아시아는, 여러 분야에서 일본에게 도전장을 내밀고 있는 오늘날의 아시아와는 크게 다릅니다. 그러나 두 사람의 논의 속에는 현재 우리들이 아시아를 말할 때 등장하는 기본적인 문제 대부분이 이미 제시되어 있다고 생각합니다.

(도쿄대학 총합문화연구과 교수. 지역문화연구 전공)

칼럼 편 추천도서

- 조르주 바타유, 『눈 이야기』, 이재형 옮김, 푸른숲, 1999.
- 니시와키 준자부로, 『나그네는 돌아오지 않는다』, 김춘수 옮김, 민음사, 2006.
- 森鷗外, 『かのように』(모리 오가이, 『가노요우니』), ちくま文庫, 1995.
- 石川淳, 『鷹』, 『百頭吟』(이시카와 준, 『매』, 『백두음』), 講談社文藝文庫, 1988, 1989.
- 石川淳, 『曾呂利咄』(이시카와 준, 『소로리바나시』), ちくま書房, 1989.
- 石川淳, 『普賢 佳人』(이시카와 준, 『보현 가인』), 講談社文藝文庫, 1995.
- 에드워드 W. 사이드, 『문화와 제국주의』, 박홍규 옮김, 문예, 2005.
- 르 꼬르뷔제, 『건축을 향하여』, 이관석 옮김, 동녘, 2002.
- 르 꼬르뷔제, 『르 꼬르뷔제 전 작품집』 전8권, 르 꼬르뷔제 작품연구회 옮김, 집문사, 1991.
- 『ル・コルビュジエの全住宅』, 東京大學工學部建築科安藤忠雄研究室 編(『르 꼬르뷔제의 전 주택』, 도쿄대학교 공학부 건축과 안도 다다오 연구실 편), TOTO出版, 2001.
- Manfred Eigen and Ruthild Winkler; translated by Robert and Rita Kimber, *Laws of the Game: How the Principles of Nature Govern Chance*, Princeton, N.J.: Princeton University Press, 1993.
- 그레고리 베이트슨, 『마음의 생태학』, 박대식 옮김, 책세상, 2006.
- 재레드 다이아몬드, 『총, 균, 쇠』, 김진준 옮김, 문학사상사, 1998.
- 나쓰메 소세키, 『나는 고양이로소이다』, 유유정 옮김, 문학사상사, 1997.
- 栗本英世, 『民族紛爭を生きる人々—現代アフリカの國家とマイノリテイ』(구리모토 히데요, 『민족분쟁을 겪는 사람들—현대 아프리카의 국가와 마이널리티』), 世界思想社, 1996.
- 『安全保障の今日的課題』(『안전보장의 현재적 과제』), 人間の安全保障委員會報告書, 朝日新聞社, 2003.
- 야마기시 도시오, 『신뢰의 구조: 동서양의 비교』, 김의철 외 옮김, 교육과학사, 2001.
- 中江兆民, 『日本の 名著36』(나카에 조민, 『일본의 명저 36』), 河野健二編, 中公バックス, 1986.
- 후쿠자와 유키치, 『후쿠자와 유키치 자서전』, 허호 옮김, 이산, 2006.
- 藤原松三郎, 『常微分方程式論』(후지와라 마쓰사부로, 『상미분방정식론』), 岩波書店, 1949.
- 쇼펜하우어, 『의지와 표상으로서의 세계 외』, 김중기 옮김, 집문당, 2003.

- 『ショーペンハウア 全集』全14巻, 別巻1(『쇼펜하우어전집』전14권, 별권 1), 金森誠也譯, 白水社, 2005.
- 릴케, 『두이노의 비가』, 이정순 옮김, 현암사, 2006.
- 프랑수와 라블레, 『가르강튀아; 팡타그뤼엘』, 유석호 옮김, 문학과지성사, 2004.
- 레이첼 카슨, 『침묵의 봄』, 김은령 옮김, 에코리브르, 2002.
- 레이첼 카슨, 『자연, 그 경이로움에 대하여』, 표정훈 옮김, 에코리브르, 2002.
- 루이스 월퍼트 · 앨리슨 리처드, 『과학의 정열: 우리시대 최고의 과학자 23 인과의 대화』, 이숙연 옮김, 다빈치, 2001.
- 山本茂美, 『あゝ野麥峠ーある製糸工女の哀史』(야마모토 시게미, 『아아, 노 무기의 언덕ー어느 제사 여공의 슬픈 역사』), 角川文庫, 1977.
- 한운사 원작, 김기영 각색, 『현해탄은 알고 있다』, 커뮤니케이션북스, 2005.
- 스털링 시그레이브, 『宋氏王朝ー中國의 마지막 私設王國』, 이재승 옮김, 정음사, 1986.
- 다케우치 요시미, 『일본과 아시아: 다케우치 요시미 평론선』, 서광덕 · 백지운 편역, 소명, 2004.
- 江口朴郎, 『帝國主義と民族』(에구치 보쿠로, 『제국주의와 민족』), 東京大學 出版會, 1954.

부록

일본을 더 이해하기 위한 책 *

A군, 잘 지내고 있나요?

지금쯤 여름 합숙이 끝나고, 아마 가을에 시작되는 리그까지의 짧은 자유를 만끽하고 있겠지요.

지난 합숙 때는 여러 가지로 신세를 많이 졌습니다. 처음 참가했지만 동아리 회원 여러분의 밝고 씩씩한 모습을 보고 고문으로서 무척 기뻤습니다.

그건 그렇고 휴식시간에 내게 숙제를 냈죠? 동아리 활동뿐만 아니라 유학생 지원 그룹에도 참가하고 있어서, 그 활동의 일환으로 '일본을 아는 독서회'를 준비 중이라는 이야기. 그래서 어떤 책을 유학생들에게 읽게 하면 좋을까 조언해 달라는 것이었죠.

그때 나는, 알겠으니 생각할 시간을 좀 달라고 하면서 경솔하게 떠맡아버렸습니다만, 생각해 보니 의외로 어려운 주문이네요. 일본어를 모르고 일본에 관한 지식이 거의 없는 학생이라면 영어 등으로 쓰인 입문서가 많이 나와 있기 때문에, 그 중 몇 권 정도 추천하면 될 겁니다. 그러나 우리가 염두에 두고 있는 그룹의 경우, 유학생 모두가 어느 정도 일본어가 가능하고 일본에 대한 예비지식 정도는 가지고 있는, 이른바 입문서는 '졸업'한 학생들로 봐야겠지요. 게다가 그 유학생들에게는 일본어 이외의 공용어가 없는 듯

---

* 존 보첼라리(John J. Boccellari), 도쿄대학 총합문화연구과 교수. 비교문학 · 비교문화 전공

일본을 더 이해하기 위한 책 *177*

하니, 영어 등의 외국어 문헌은 곤란하지 않을까 싶네요. 그렇다면 유학생이 읽어야만 하는 책에는 대체 뭐가 있을까요.

왜 이런 '독서회'를 준비하는지는 아직 물어보지 못했지만 한번 맞춰볼까요? 아마도 그 모임에서 지원하는 유학생들이 '일본을 더 잘 이해하려면 어떤 책을 읽어야 좋을까?'라고 물어 왔고, '좋아! 내가 독서회를 만들어 보지'라고 후배를 잘 챙기는 A군이 답한 것 아닐까요. 그런 이유로 지금은 난처해하고 있는 중이고. 그렇지 않나요? 역시 '경솔하게 떠맡는 행동'은 생각해 볼 필요가 있겠습니다.

그건 그렇고 그 유학생의 질문도 절실한 문제였을 테고 답변이 곤란했던 A군의 기분 또한 알 듯합니다. 어쨌든 내가 처음 일본에 왔을 때도 같은 질문을 일본인 몇 명에게 했고, 당시 그들도 무척 곤란해했지요. 하지만 그때와 지금의 환경은 상당히 달라진 것도 사실이죠.

내가 일본에 온 것은 1970년으로 A군과 같은 나이였습니다. 일본에 가서 공부하고 오겠다고 했더니 상당히 희귀한 취급을 받았던 기억이 나는군요. 몇 명은 왜 그런 나라로 가느냐고 물었고, 지리에 약했던 한 친구는 '미국과 달리 거기는 열대지방이라던데, 괜찮아?'라는 걱정을 하기도 했지요. 당시 일본은 개발도상국은 이미 벗어났지만, 많은 서구인의 눈에는 이제부터 시작하는 나라라는 인상이었습니다.

물론 이것은 이른바 '일본 붐' 이전의 시기였습니다. 지금과 비교하면 일본에 관한 영어문헌도 대단히 적었고 질적으로도 균일하지 못했죠. 좀 역설적이지만 일본을 소개하는 영어책을 추천해 달라는 질문에는 지금보다 훨씬 답하기 쉬웠던 때라고 생각됩니다.

워낙 그 수가 적었으니까요.

그럼 실제로 일본에 와보니 어땠을까요. 일본인이 일본어로 쓴 책 중에는 외국인이 읽을 가능성이 있음을 의식하면서 작성한 것은 거의 없었습니다. '영어는 국제어로서 매우 개방된 언어이다. 어떤 사람이 읽어도 이상하지 않다'라고 단정하는 공간에서 자랐던 내게는 전혀 새로운 경험이었습니다. 그런 책을 읽다 보면 마치 '엿듣는' 듯한 착각에 빠져든 적도 있었으니까요.

그것만이 아니었습니다. '외국인이니까 일본에 관한 책을 읽는다고 해도 어차피 모르겠지'라는 암묵적인 이해가 주위 일본인들 사이에서는 팽배해 있었던 기억이 납니다. 앞서 말한 그 질문, '일본을 더 잘 이해하려면 어떤 책을 읽어야 좋을까?'라고 일본인 친구에게 물으면 열에 아홉은 곤란한 표정을 지으며 『겐지 모노가타리』가 아닐까?'라고 답해 주었습니다. '왜?'라고 물으면 '와비와 사비가 있으니까. 하지만 이건 무척 일본적인 거라서 외국인이 이해하는 건 무리겠지'라는 답이 돌아옵니다. 이건 흥미로운 사고방식이라는 생각이 들어서, 이후에도 절반은 장난하는 기분으로 자꾸만 물어봤죠. 그러면 다음과 같은 전형적인 대화가 이어집니다.

"내가 일본어를 더 잘하게 돼도?"

"응, 그럴걸."

"그럼, 『겐지 모노가타리』에서 와비와 사비를 비교적 알기 쉽게 읽을 수 있는 장면은 예를 들어 어디지?"

"음, (식은땀을 흘리며) 실은 난 『겐지 모노가타리』를 읽은 적이 없어. 그래도 와비랑 사비는 가득 차 있을 거야."

"간단하게 말해서 와비랑 사비가 대체 뭐야?"

"말로는 설명할 수 없어. 하지만 일본인이라면 다 아는 거야."

어떤 사람은 좀 더 자세히, 꽤 알기 쉽게 설명한 후 저에게 "알겠어?"라고 묻습니다.

"그런 거라면 알겠어."

"알겠다고 생각한다면 내 설명이 잘못된 거야. 정말로는 알 수가 없거든."

(지금까지의 이야기는 다른 여러 명의 외국인에게서도 들은 적이 있으니, 나만의 경험은 아닌 듯합니다.)

여기까지는 1970년대 전반의 이야기였습니다만, 세월이 지남에 따라 이러한 태도는 점점 바뀌어 갔습니다. 아니, 그렇다기보다는 급속히 다른 방향으로 달려갔다고 하는 편이 맞을지도 모르겠네요. 1970년대 후반, 1980년대로 들어서면서 일본이 전세계의 주목을 받게 되었다고 많은 일본인이 의식하게 되었습니다. 과열된 경기 속에서 일본제품이 해외 시장에 넘쳐나고 일본 기업이 외국의 기업이나 부동산을 여기저기서 사들인다든지, 에즈라 보겔 씨의 베스트셀러 제목처럼 『일등일본(*Japan as NO.1*)』 시대가 되었습니다. '21세기는 일본의 세기. 일본의 성공 비밀은 무엇인가?'라는 질문이 일본 내외에서 들리게 되었습니다. 이 질문에 대답이라도 하려는 듯 이른바 '일본인론(日本人論) 붐'이 도래했습니다.

'일본은 유니크하다', '수직 사회다', '아마에의 구조(甘えの構造, 정신과 의사 도이 다케오(土居健)가 1971년에 출간한 일본인론 『아마에의 구조』로 유명해진 말이다. 일본사회의 조직문화와 인간관계가 타자에 대한 의존을 인정하고 그러한 언어 표현을 사용한다는 의미. 옮긴이)가 있다', '우수한 관료가 있다', '개인주의를 초월한 집단주의가 있다', '훌륭한 교육제도가 있다' 등등.

물론 비슷한 주장은 꽤 이전부터 있었지만, 어느 사이엔가 보다 강하게 보다 상세하게 보다 대량으로 발표되었던 것이죠. 조금 큰 서점이라면 대개 '일본인론' 전용 코너가 마련되었습니다. 정부의 후원하에 '알기 힘든 일본인', '경제를 위협하는 일본', '경제동물'이라는 나쁜 이미지를 깨기 위한 도구로서 번역 작업도 활발했습니다.

나는 더 이상 '일본을 더 잘 이해하려면 어떤 책을 읽어야 좋을까?'라는 질문을 하지 않게 되었지만, 만약 물었다면 마찬가지로 친구들은 곤란한 표정을 지었을 것이 틀림없습니다. 그러나 이번에는 수적으로 너무 많아서(잡지 기사를 포함하면 더욱 방대한 양이 될 터) 무엇을 추천하면 좋을지 모르겠다는 이유로 말입니다.

지금 돌이켜보면 유감스럽게도 양은 늘었지만 질에는 문제가 있었습니다. 그 무렵의 '일본인론'은 자아도취적이고 획일적인 것이 많아서 나로서는 그다지 추천하고 싶은 것이 없습니다. 이런 것도 일종의 역사현상입니다. '일본인의 유니크함'을 논한 책을 읽어보는 것도 재미있을지 모르지만, '일본인론'을 질리도록 읽은 친구는 이렇게 말하더군요.

"일본인의 가장 유니크한 부분은 일본인론을 쓰고 싶어하는 습성이야." 바로 그렇다고 생각했습니다.

그렇다면 현재는 어떨까요? 세계의 '부러움'을 샀던 일본경제, 훌륭하다고 칭찬받던 일본의 문화와 사회의 색조가 1990년대 들어 퇴색하기 시작했습니다. '거품이 꺼졌기' 때문에 일본이 이상해졌다는 것이 많은 일본인의 상식이 되었습니다. 정말로 '거품이 꺼진' 것이 이상해진 원인이었는지, 아니면 일본이 이상해진 결과 거품이 꺼진 것인지에 대해서는 다양한 논의가 가능하겠지만, 어쨌든 '일본인론' 붐은 거기까지라는 느낌이 듭니다. 아무튼 일본의 교육, 관료제도 등이 특별하니까 따라해 보자고 생각했던 외국인은 급격히 줄어들었고, 일본의 성공 기적을 분석해 주겠다고 서슬이 퍼렇던 일본인 평론가도 꽤 점잖아진 것 같지 않습니까. 최근의 저작 중에서 '어떤 책을 읽으면 좋을까'를 골라서 추천하는 일이 점점 어려워지고 있습니다.

이쯤 되면 A군은 초조한 기분에 "그래서요, 뭘 읽으면 될지 어서 빨리 가르쳐 주세요"라고 생각하겠지요. 그럼 대답해 보겠습니다.

"모르겠습니다."

아니, 일본의 이것저것, 어디어디를 설명해 주겠다고 힘이 잔뜩 들어간 '일본인론' 보다는 자연스럽게 일본을 말해 주는 책이 좋다고 생각합니다. 즉 일본어가 어느 정도 가능한 유학생이라면 오늘의 젊은 일본인이 흥미롭게 읽고 있는 책으로 충분하다고 봅니다. 물론 이른바 '일본 연구'를 전공으로 하고, 일본의 역사, 문학, 예술, 사상, 과학 등 각각의 전문지식을 필요로 하는 유학생의 경우라면 얘기가 다르겠죠. 하지만 일반적인 의미에서 '일본을 좀 더 잘 이해할 수 있는' 책이라면 A군 자신이 최근 읽은 책 중에서 재미있고 유익하다고 생각한 책을 추천하면 되지 않을까요.

어떤가요, 요즘 일본을 직간접적인 소재로 한 책을 읽고 있습니까? 별로 읽고 있지 않다고요. 아무래도 이번에는 내가 곤란한 표정을 지어야 할 차례인 듯하군요. 그렇다면 먼저 도쿄대학 출판회에서 나온 『교양이란 무엇인가』를 보고 자신의 독서생활을 개선해 보는 것은 어떨까요. 거기서 찾은 감동을 주는 책을 그 유학생 독서회에서 다뤄본다면 좋지 않을까요.

'선생님, 너무 하시네요!' 라는 말을 들어도 어쩔 수 없습니다.

그러나 만약 '미국을 좀 더 잘 이해하기 위해서 어떤 책을 읽으면 좋을까요?' 라고 유학생을 지원해 주는 미국인 학생이 물어 온다면, 분명 '지금의 젊은 미국인들이 흥미롭게 읽고 있는 책으로 충분하다' 고 대답할 것입니다.

그러나 혹시 다음과 같은 질문을 다시 던질지도 모르겠군요. "선생님 자신은 어떠셨나요? 유학생 출신으로서 개인적으로 어떤 책이 도움이 됐습니까?" 라고 말입니다. 대답할 수는 있지만 얼마나 참고가 될지는 미지수입니다. 어쨌든 내가 유학생으로 일본에 온 것은 꽤 옛날 일이 되어버렸으니까요. 또 만약 내가 지금도 '유학 중' 이라 하더라도 반드시 전형적인 독서 경향을 갖고 있다고는 할 수 없기 때문에, 현재 일반적인 유학생의 흥미를 끌 수 있을지는 자신할 수 없습니다. 그런 단서를 붙여도 괜찮다면 더 이야기해 보겠습니다.

돌이켜 보면 일본에 와서 처음으로 일본어로 된 책을 통독한 것은, 나쓰메 소세키(夏目漱石)의 『산시로(三四郎)』였습니다. 솔직히 말하자면 처음의 3분의 1까지는 고통을 견디기 힘들었습니다. 각종 사전을 뒤지고 생각하고 또 생각하고 뒤지는, 즐거운 독서가 아니라 괴로운 군사훈련 같은 경험이었습니다. 그러나 한자는 물론, 쏟아지는 졸음과 격투하는 와중에 조금씩 익숙해졌고 드디어 즐길 수 있게 되었지요. 일본어의 높고 두터운 벽 저편에서 기다리고 있던 것은, 이질적인 세계가 아닌 나와 같은 '길 잃은 양' 도 친밀감을 느낄 수 있는 사람들이 사는 세계였습니다. 그 후 단숨에 소세키의 『그 후』와 『문』을 읽고 일본문학의 일본적인 측면보다도 그것이 가진 보편적인 측면을 보다 더 인식할 수 있게 되었습니다.

거의 같은 시기였다고 생각되는데, 미국의 일본 연구자 도널드

킨의 『일본인의 서양 발견(*The Japanese Discovery of Europe*: 1720~ 1830)』을 입수했습니다. 서양인의 일본 발견에 대해서는 약간 지식이 있었지만 일본의 입장에서 세계를 생각해 본 적이 별로 없었기에 매우 신선한 느낌이 들었습니다. 여러 가지 장애를 넘어서 새로운 사고방식, 정보, 기술을 습득하려고 했던 쇄국시대의 일본인은 '고도성장' 시대의 일본인의 이미지와 겹쳐져 많은 것을 생각하게 했습니다. 뿐만 아니라 일본인이 아닌 저자가 이렇게 흥미롭고 심도 있게 일본을 연구하고 있다는 사실이 초심자인 내게 상당한 격려가 되었습니다. 이후 킨의 『일본문화(*Appreciations of Japanese Culture*)』와 18권에 이르는 대작 『일본문학의 역사』 등도 읽었는데, 이 책들은 일본인 독자에게도 매우 참고가 되리라고 생각했습니다.

『일본인의 서양 발견』은 일본 근대 본연의 모습을 생각하게 하는 하나의 계기가 되었습니다. 그것과 관련해서 후쿠자와 유키치의 『후쿠자와 유키치 자서전』은 매우 인상 깊었습니다. 저자는 문체나 자기의식에 있어서 그야말로 '현대인'이었기에, 에도시대에 살았던 인간이라는 사실을 떠올리면 뭐랄까 불가사의한 느낌이 들었습니다. 재미있는 대조로서 가쓰 가이슈(勝海舟)의 아버지, 가쓰 고키치(勝小吉)의 자서전 『몽취독언(夢醉獨言)』도 좋았습니다. 스기타 겐파쿠(杉田玄白)의 『난학사시(蘭學事始)』는 『일본인의 서양 발견』에서도 언급되었던 책인데 스스로 확인해 보자는 마음으로 읽게 되었습니다. 겐파쿠 자신의 말로 일본에서 서양의 과학을 일으키는 것이 얼마나 힘든 일이었던가를 확인하고 다시 한 번 감탄했습니다. 또 역사소설로서 나라시대를 배경으로 한 이노우에 야스시(井上靖)의 『덴표의 용마루(天平の甍)』라는 책이 있습니다. 주인공이 젊은 불교 승려이자 일종의 유학생이었기 때문에 일본과 외국 정신문화의 만남에 대해서 현대의 유학생인 내게도 생각할 기회를 주었습니다.

킨의 책을 제외하면 어려운 책만 읽었다고 생각할지도 모르겠습니다. 하지만 모두 다 재미있는 책이라서 익숙해지면 그렇게 힘들게 느껴지지는 않았습니다. 물론 그런 책들만 읽은 것은 아닙니다. 영어 책도 꽤 읽었습니다. 예를 들면 늘 나오는 책이긴 하지만, 고이즈미 야쿠모(小泉八雲), 즉 라프카디오 한(Lafcadio Hearn)의 저작이 있습니다. 나의 지도교수였던 히라카와 스케히로(平川祐弘) 선생이 추천해서 읽게 되었는데, 내 취향에는 너무나 감상적이어서 처음에는 그리 좋아하지 않았습니다. 그러나 자신의 서양문화를 뛰어넘어 가능한 일본인의 입장에서 다른 문화를 이해하려 했던 한의 자세에 점점 끌리고 말았습니다.

한의 정서적인 부분과 좋은 대조를 이루는 것이 제국대학의 외국인 교원이었던 버질 홀 챔벌레인이 쓴 『일본사정지(*Japanese Things*)』입니다. 메이지시대 '일본학'의 제일인자가 일반인을 대상으로 쓴 일본 소개 '사전'이라는 점에서 재미있었지만, 더욱 흥미로운 것은 그의 시선이었습니다. 일본과 일본인에게서 한 발 물러나 객관적으로 일본을 응시하고 영국풍 유머로 일본의 '발전'을 풍자하고 있다는 생각이 들었고, 다른 한편으로는 서양인의 일본에 대한 몰이해를 공격 대상으로 삼고 있습니다. 꽤 즐거운 책이었습니다.

이자벨라 버드라는 이름을 들어본 적 있나요? 이 용감한 영국인 여성은 개항 후 10년 남짓 지났을 때 어설픈 통역 한 명만을 데리고 외국인이 아직 밟아본 적 없는 일본 북부지방을 여행하며, 그 경험을 『일본오지기행(*Unbeaten Tracks in Japan*)』이라는 여행기로 정리했습니다. 일상적이고 '당연' 한 것을 의식하지 못하고 기록하지 않는 것이 세상사이지만, 일본 '시골' 의 모든 것이 낯설었던 그녀는 그 모든 것을 꼼꼼하게 기록했습니다. 덕분에 일본인도 쓰지 못했던 '전근대(前近代)' 의 일상으로 가는 시간 여행을 시켜줍니다. 민속학자 미야모토 쓰네이치(宮本常一)의 『이사벨라 버드의 '일본오지기행' 을 읽다』는 이 책의 재미를 더욱 북돋우는 조력자가 되어 줍니다.

그러고 보면 '일본의 일상' 으로 관심을 돌리게 해 준 책으로는 야나기타 구니오(柳田國男)의 저작이 있습니다. 처음 읽었던 것은 『청년과 학문』이었습니다. 학문은 책뿐만 아니라 발을 써서 하는 것도 중요하다, 현대 일본을 이해하기 위해서는 역사서에 실려 있지 않은 '상민(常民)' 이 쌓아올린 물질문화와 정신문화를 봐야 한다고 말하고 있습니다. 이 책의 메시지는 야나기타의 업적 전반의 기조가 되어 있습니다. 그의 실제 방법론에 대해서는 여러 문제가 지적되고 있지만, 그 기조는 지금도 높이 평가받을 수 있다고 생각합니다.

내 개인적인 연구 주제에 관해서는 일부러 언급을 피했지만 간접적으로 그와 관련된 책을 한 권만 들어보겠습니다. 아다치 겐이치(足立卷一)의 『야치마타(やちまた)』입니다. 소재는 자못 소박하게 보입니다. 모토오리 노리나가(本居宣長)의 장남이자 맹인 국어학자였던 모토오리 하루니와(本居春庭)에 관한 이야기입니다. 더 정확히 말하자면 젊은 시절 우연히 하루니와의 존재를 알게 된 저자가 일생을 걸고 그의 본 모습을 지속적으로 쫓는 집념의 이야기입니다. 저자가 '빠져 들어가는' 모습은 통쾌하죠. 학문에도 꿈이

있구나 하고 생각하게 해 주는 작품입니다.

완전히 '옛날 책' 소개가 되어버리고 말았네요. 보다 최근의 책 몇 권을 간단히 소개해 봅시다.

야나기타 구니오의 사상을 현대에 계승한 연구자 중 한 명으로 미야타 노보루(宮田登)가 있습니다. 「화장실의 하나코 씨(トイレの花子さん)」나 애완동물에서 안락사 문제까지, 현대의 도시문화와 기존 민속문화의 접점을 폭넓게 모색한 수많은 저작은 매우 자극적입니다. 모두 좋지만 제 눈앞의 책꽂이에 여성을 주제로 다룬 『히메(ヒメ)의 민속학』이 꽂혀 있으니 이 책을 들겠습니다.

미야타의 대학 동료이기도 한 아미노 요시히코(網野義彦)의 업적도 간과할 수 없습니다. '아미노 사학(網野史學)'이라고 불릴 정도인 그의 연구는, 교과서에 나오는 권력자의 역사가 아닌 민중의 관점에서 본 일본사로서 매우 참신합니다. 예를 들어 『일본론의 시각─열도의 사회와 국가』는 매우 훌륭한 입문서입니다.

그 밖에 일본 현대사를 생생하게 그려낸 저자 중 한 명으로 존 다우어가 있습니다. 태평양전쟁의 끔찍함을 떠올리는 데는 『용서 없는 전쟁(War without Mercy : Race and Power in the pacific War)』이 가장 좋습니다.

덧붙이자면 내가 일본을 이해하는 데 도움을 주었던 것은 문학, 사상, 역사를 다룬 책만이 아니었습니다. 예를 들면 데즈카 오사무(手塚治虫)의 만화(『불새』 등)와 『일본국 헌법』 등도 도움이 되었습니다.

꽤나 긴 편지가 되어버렸네요. 세어보니 20권 정도는 되는 것 같습니다. 하지만 A군은 이렇게 말할지도 모르겠습니다. "선생님은 지금 일본의 젊은이가 흥미롭게 읽은 것으로 충분하다고 했으면서, 추천한 책 중에서 지금의 젊은이들을 대상으로 한 것은 한 권도 없지 않지 않습니까!"라고 말입니다. 그렇습니다만 변명을 조금 해 보겠습니다. 이 책들은 어디까지나 내가 유학생이었을 때 쓸모가 있던 것입니다. 처음 일본에 왔을 때 주위에는 다른 유학생이 거의 없었고, 있다 하더라도 나와 마찬가지로 일본 연구를 위해 일본의 대학에 온 학생들이었지요. 앞서 소개한 책들은 전형적인 것은 아니더라도 일본 연구를 하는 자로서 그다지 일탈된 것은 아니라고 생각합니다.

물론 지금은 사정이 많이 바뀌었습니다. 우리 대학만 해도 몇 백 명의 유학생들이 공부하고 있습니다. 하지만 일본을 연구하는 학생은 비교적 줄어들고, 오히려 과학기술, 경제 등이 주류가 되었습니다. 즉 유학생 자체가 상당히 다양화되었습니다. 이런 유학생이라면 '지금의 일본 젊은이가 흥미롭게 읽고 있는' 책이 좋지 않을까 합니다. 거기에다 일본에 관해 더 알고 싶다면 내가 꼽은 책 중에도 유용한 것이 꽤 있을 겁니다.

그보다 A군 자신도 일본이 걸어 온 길을 재확인하기 위해서 앞의 책 중 몇 권을 시험삼아 읽어보는 것은 어떨까요. 자신을 위해서나 유학생들을 위한 훌륭한 조언자가 되기 위해서라도 권하는 바입니다. 현재 일본의 젊은이들은 지금까지의 일본 역사와 문화 속에서 '유학' 하는 것이 중요하다고 생각합니다.

여기까지 하죠. 읽다가 지치지나 않았을까 걱정이네요. 다음에 만날 때는 꼭 감상을 들려주기 바랍니다. 가을 리그가 시작되면 한 잔 합시다!

그럼 안녕히.

일본에 온 유학생에게 권하는 책

- 나쓰메 소세키, 『산시로』, 최재철 옮김, 한국외국어대학교 출판부, 1995.
- 나쓰메 소세키, 『그 후』, 윤상인 옮김, 민음사, 2003.
- 나쓰메 소세키, 『문』, 유은경 옮김, 향연, 2004.
- Donald Keene, *The Japanese Discovery of Europe: 1720~1830*, Stanford university Press, 1969.
- Donald Keene, *Appreciations of Japanese Culture*, Kodansha International, 2003.
- Donald Keene, *History of Japanese Literature*, Columbia University, 1999.
- 후쿠자와 유키치, 『후쿠자와 유키치 자서전』, 허호 옮김, 이산, 2006.
- 勝小吉, 『夢醉獨言』(가쓰 고키치, 『몽취독언』), 敎育出版, 2003.
- 杉田玄白, 『蘭學事始』(스기타 겐파쿠, 『난학사시』), 岩波文庫, 1982.
- 井上靖, 『天平の甍』(이노우에 야스시, 『덴표의 옹마루』), 新潮文庫, 1987.
- 小泉八雲, 『日本の心』(고이즈미 야쿠모, 『일본의 마음』), 講談社學術文庫, 1990.
- Basil Hall Chamberlain, *Things Japanese: Being Notes on Variations Subjects Connected With japan, for the Use of Travelers and others*, Tuttle publishing, 1978.
- Isabella L. Bird, *Unbeaten Tracks in Japan*, Cosimo, 2005.
- 宮本常一, 『イザベラ・バードの「日本奥地紀行」を讀む』(미야모토 쓰네이치 『이자벨라 버드의 '일본오지기행' 을 읽다』), 平凡社ライブラリー, 2002.
- 柳田國男, 『靑年と學問』(야나기타 구니오, 『청년과 학문』), 岩波文庫, 1976.
- 足立卷一, 『やちまた』(아다치 겐이치, 『야치마타』) 河出書房新社, 1990/朝日文藝文庫, 1995.
- 宮田登, 『ヒメの民俗學』(미야타 노보루, 『히메의 민속학』), ちくま學藝文庫, 2000.
- 網野善彦, 『日本論の視座―列島の社會と國家』(아미노 요시히코, 『일본론의 시각―열도의 사회와 국가』), 小學館, 2004.
- John W Dower, *War without Mercy: Race and Power in the Pacific War*, Pantheon Books, 1987.
- 手塚治虫, 『火の鳥』(데즈카 오사무, 『불새』), 角川文庫, 1992.
- 『日本國憲法』(『일본국 헌법』), 講談社學術文庫, 1985.

인간은 어떻게 자유로울 수 있는가 *

고마바 캠퍼스의 한 모퉁이에 마련된 작은 일본식 거실에서 다도회가 열려 초대받은 적이 있습니다. 다도회라고 하면 뭔가 딱딱하고 거북한 느낌이 들지 모르겠지만, 그 기본은(동석한 고바야시 야스오 선생님에 의하면) '놀이'며 노는 것을 즐기는 마음입니다.

다도회 예법 중 하나로 '메데루(愛でる)' 라는 것이 있습니다. 손에 쥔 그릇이든 방에 놓인 꽃이든 간에 자기 손으로 들고 자기 눈으로 보며 그것을 다시 짧은 자신의 말로 칭찬하는 것인데, 이것이 의외로 어렵습니다.

'사물'에는 각각의 유래나 고유성이 있습니다. 물론 그것에 대해 자신의 모든 지식을 늘어놓을 수도 있지만 그것은 '메데루'의 본질과는 먼 일이라고 합니다. 다도를 전혀 모르는 처지에서 보자면 '메데루'에는 좀 다른 요소가 필요합니다. 그것은 자신과 '사물' 사이의 '관계' 차원입니다. 지금 여기에 있는 내가 이 '사물'과 만난 일을 어떻게 받아들이느냐 하는 문제 말입니다. 프랑스 철학자의 다음 문장을 주의 깊게 읽어봅시다.

말의 의미란 대상이 보유한 약간의 물질적 특성에 의해 만들어

---

* 야마모토 야스시(山本 泰), 도쿄대학 총합문화연구과 교수. 국제사회과학 전공

진 것이 아니다. 그것은 무엇보다도 그 대상이 어떤 인간적 경험 속에서 차지하는 국면 같은 것이다. 예를 들어 '우박'이라는 말이라면, 하늘에서 딱딱한 채로 떨어지는 이 부서지기 쉬우며 물에 녹기 쉬운 입자들과 마주한 나의 놀라움인 셈이다. 그것은 인간적인 것과 비인간적인 것의 만남이며, 말하자면 세계의 어떤 행동, 혹은 그 스타일의 어떤 굴절인 셈이다. …… 그렇게 보면 언어는 언어의 의식과 의식의 침묵을 전제로 하고 있으며, 이것이 말하는 세계를 감싸 안는다. 여기에서 비로소 말이 형상과 의미를 얻게 되는 것이다. …… 말해진 코기토(데카르트가 방법론에서 기술한 '나는 생각한다. 고로 나는 존재한다(Cogito, ergo sum)'라는 라틴어 명제의 약칭. 옮긴이), 즉 언표(言表)와 본질적 진리(眞理)로 전환된 코기토의 저편에, 확실하게 침묵하는 코기토, 나에 의한 나의 경험이라는 것이 있다.

—메를로 퐁티, 『지각의 현상학』

　지금 여기 있는 내가 이 '사물'과의 만남을 어떻게 받아들일 것인가. 내 손에 있는 그릇과 한 송이 꽃도 거기에 그저 있는 것만은 아닙니다. 어떤 것을, 보이는 것을, 내가 어떻게 보는가. 여기에서는 본다는 것의 윤리가 문제이며, 바로 여기에서 이 책에서 문제삼고 있는 교양의 내실이 좌우됩니다.

　꽃일 수밖에 없는 / 저항할 수 없는 외부라는 것이 / 있어야만 한다 / 꽃을 짓누르는 무거움을 / 꽃의 모습 그대로 / 밀쳐내야 한다 / 그때 꽃이라는 사실은 / 하나의 선언이 된다 / 하나의 꽃일 / 수밖에 없는 나날을 견뎌내어 / 꽃일 수밖에 없기 위하여 / 꽃의 주변은 뚜렷하게 나타나고 / 꽃의 윤곽은 / 강철과 같아야 한다.

　　　　　—이시하라 요시로, 『현대시문고 26—이시하라 요시로 시집』

　교양학부에는 운영자문회의라는 것이 2년 전부터 마련되었습니다. 학교 바깥의 저명한 선생들에게 교양학부의 나아갈 방향에 대해 다양한 의견을 듣는 기회가 생긴 것입니다. 2003년 11월 5일에 열린 제1회 모임에서 위원 중 한 분인 하스미 시게히코(蓮實重彦, 전 교양학부장, 도쿄대학교 총장) 선생님에게 다음과 같은 지적을 받았습니다. '교양교육이란 말은 그렇게 적절한 말이 아닙니다. 교양이란 말에는 일정한 의미가 있는데, 그것이 교육과 연결되었을 때 구체적으로 무엇을 가리키는지 의문입니다. 무엇을 목표로 하는지도 이해하기 어렵습니다.'

　이 발언은 우리 교양학부 교원들이 일상적으로 사용하는 '교양'이란 말 자체에도 해당된다는 사실을 알 수 있었습니다. '교양(きょうよう)이 있다'고 하면 '오늘 볼 일(きょうよう)이 있다'고 알아듣는 보통 사람들에게, 우리가 '교양 있는 인간을 목표로 하라'라든가 '교양은 가치다'라고 말하는 데 대해 커다란 의문부호를 제시받은 느낌이 들었습니다.

　하스미 선생님의 의견은 '교양이 무엇인가에 대해 당연시하지 말고, 그 정의를 보다 정확하게 설명해 달라'는 요구였던 것 같습니다. 이 발언이 있은 뒤 나 자신도 여러 가지를 생각했습니다. 이에 대해 다도회에서 다리가 저리는 것까지 참아 가며 생각했지만 그게 다가 아니었습니다.

　이 때 생각한 것 중 하나가 어떻게 하면 인간이 자유로워질 수 있는가 하는 문제였습니다. 누구나 사람은 세계의 한 구석에서 태어나 배우고(사람에 따라서는 자식을 낳고 기르며) 늙어서 죽습니다. 인생은 누구에게나 주어진 것이며 될 대로 되라는 식의 인생도 진실일 수 있습니다. 여기에서 자유란 무엇일까요. 그 자유를 근거로 '될 대로 되라는 식의 인생'을 넘어서서 '더 잘 살려는' 마음이 생겨나면 어떨까요. 그런 힘을 어떻게 자기 안에서 키워 가면 좋을까요. 그런 마음의 전기(轉機)가 온다면 그것이야말로 에피파니라고 불러야만 합니다.

놀라울 정도로 많은 상황들이 추억이라기보다는 바람이며, 누구나가 잘 될 거라 믿는 대로 일이 잘 되리라는 바람, 어떤 일에서 다음 일로의 연쇄가 어떤 방향성을 가졌으면 하는 바람, 그리고 혼란 속에서 식별 가능한 패턴이 나타났으면 하는 바람, 이런 것들은 엔트로피 속에서 바라는 에피파니(진정한 현현)에 다름 아니다.

　　　　　　　　　　—루이스 토머스, 『인간이라는 깨지기 쉬운 종』

에피파니란 미르치아 엘리아데의 저작에서 심오하게 고찰된 개념인데, 루이스 토머스(현대 미국을 대표하는 의학 연구자 중 한 사람)의 이 책도 꼭 읽어보기를 추천합니다.

이 책 『교양이란 무엇인가』를 손에 드신 분들에게 이 책이 하나의 에피파니로 가는 안내서가 되기를 염원하면서 이 책을 세상에 내보냅니다.

집필자 소개

고바야시 야스오(小林 康夫)

1950년생, 총합문화연구과 교수, 표상문화론

『기원과 근원—카프카·벤야민·하이데거』(『起源と根源—カフカ·ベンヤミン·ハイデガー』, 未來社)

『표상의 광학』(『表象の光學』, 未來社)

『빛의 오페라』(『光のオペラ』, 筑摩書房)

『사건으로서의 문학』(『出來事としての文學』, 講談社學術文庫)

『푸름의 미술사』(『靑の美術史』, 平凡社ライブラリー)

다카다 야스나리(高田 康成)

1950년생, 총합문화연구과 교수, 표상문화론

『키케로—유럽의 지적 전통』(『キケロ—ヨーロッパの知的傳統』, 岩波新書)

『그리스 세계에서 로마로』(『ギリシア世界からローマへ』 共著, 彩流社)

『뮤즈여, 이야기하라!—고대 그리스 문학으로의 초대』(『ムーサよ, 語れ!—古代ギリシア文學への招待』, 共編著, 三陸書房)

나카지마 다카히로(中島 隆博)

1964년생, 총합문화연구과 조교수, 표상문화론

『비 서구의 시각』(『非·西歐の視座』, 共編著, 大明堂)

『사전 철학의 나무』(『事典 哲學の木』, 共編著, 講談社)

『니힐니즘으로부터의 출발』(『ニヒリズムからの出發』 共著, ナカニシヤ出版)

『철학을 구사하다』(『哲學を使いこなす』, 共著, 知泉書館)

하세가와 도시카즈(長谷川 壽一)

1952년생, 총합문화연구과 교수, 생명환경과학

『마음의 진화—인간성의 기원을 찾아서』(『心の進化—人間性の起源を求めて』, 共著, 岩波書店)

194

『처음 만나는 심리학』(『はじめて出會う心理學』, 共著, 有斐閣)

『진화와 인간행동』(『進化と人間行動』, 共著, 東京大學出版會)

사토 가쓰히코 (佐藤 勝彥)

1945년생, 이학계연구과 교수, 물리학

『우주 '96%의 수수께끼' 최신 우주학이 보여주는 우주의 참모습』(『宇宙「96％の謎」—最新宇宙學が描く宇宙の眞の姿』, 實業の日本社)

『우주는 우리들만의 우주가 아니었다』(『宇宙はわれわれの宇宙だけではなかった』, PHP文庫)

『우주는 모든 것을 가르쳐준다』(『宇宙はすべてを教えてくれる』, 共著, PHP研究所)

아사시마 마코토 (淺島 誠)

1944년생, 총합문화연구과(이학계 겸임) 교수, 생명환경과학

『발생의 구조가 밝혀졌다』(『發生のしくみが見えてきた』, 岩波書店)

『새로운 발생생물학—생명의 신비가 집약된 '발생'의 경이』(『新しい發生生物學—生命の神秘が集約された「發生」の驚異』, 共著, 講談社ブルーバックス)

『분자 발생 생물학—동물의 생체 설계』(『分子發生生物學—動物のボディープラン』, 共著, 裳華房)

기바타 요이치 (木畑 洋一)

1946년생, 총합문화연구과 교수, 국제사회과학

『제국의 황혼—냉전하의 영국과 아시아』(『帝國のたそがれ—冷戰下のイギリスとアジア』, 東京大學出版會)

『국제 체제의 전개』(『國際體制の展開』, 山川出版社)

『대영제국과 제국의식—지배의 심층을 탐구하다』(『大英帝國と帝國意識—支配の深層を探る』, 編著, ミネルヴァ書房)

야마모토 야스시 (山本 泰)

1951년생, 총합문화연구과 교수, 국제사회과학

『라이브러리 상관사회과학 2 젠더』(『ライブラリー相關社會科學 2 ジェンダー』, 共編, 新世社)

『미국과 일본』(『アメリカと日本』, 共著, 東京大學出版會)

『의례로서의 경제―사모아 사회의 증여·권력·성』(『儀禮としての經濟―サモア社會の贈與·權力·セクシュアリテイ』, 共著, 弘文堂)

야마우치 마사유키(山內 昌之)

1947년생, 총합문화연구과 교수, 지역문화연구

『술탄 갈리에프의 꿈―이슬람 세계와 러시아 혁명』(『スルタンガリエフの夢―イスラム世界とロシア革命』, 東京大學出版會)

『빈사의 리바이어던―러시아의 이슬람과 민족문제』(『瀕死のリバイアサン―ロシアのイスラムと民族問題』, 講談社學術文庫)

『제국과 국민』(『帝國と國民』, 岩波書店)

이시우라 쇼이치(石浦 章一)

1950년생, 총합문화연구과 교수, 생명환경과학

『생명의 구조』(『生命のしくみ』, 日本實業出版社)

『알기 쉬운 생명과학―인간을 주인공으로 한 생명의 사슬』(『よくわかる生命科學―人間を主人公とした生命の連鎖』, サイエンス社)

『알기 쉬운 뇌와 신경』(『わかる腦と神經』, 羊土社)

『IQ 유전자―지성은 유전되는가』(『IQ遺傳子―知性は遺傳するか』, 丸善)

효도 도시오(兵頭 俊夫)

1946년생, 총합문화연구과 교수, 상관기초과학

『전자역학』(『電磁力學』, 裳華房)

『생각하는 역학』(『考える力學』, 學術圖書出版社)

『열학 입문―매크로에서 마이크로로』(『熱學入門―マクロからミクロへ』, 共著, 東京大學出版會)

존 보첼라리(John J. Boccellari)

1949년생, 총합문화연구과 교수, 비교문학·비교문화

『자전문학의 세계』(『自傳文學の世界』, 共著, 朝日出版社)

『이문화를 살아간 사람들』(『異文化を生きた人々』, 共著, 中央公論社)

『일중영 언어문화사전』(『日·中·英言語文化事典』, 共編, マクミラン·ランゲージハウス)

노자키 간(野崎 歓)

1959년생, 총합문화연구과 조교수, 언어정보과학

『장 르느와르 경계를 넘나드는 영화』(『ジャン·ルノワール 越境する映畵』, 青土社)

『프랑스 소설 입문』(『フランス小說の扉』, 白水社)

『다니자키 준이치로의 이국 언어』(『谷崎潤一郎の異國の語語』, 人文書院)

『홍콩 영화의 길모퉁이』(『香港映畵の街角』, 青土社)

이시이 요지로(石井 洋二郎)

1951년생, 총합문화연구과 교수, 지역문화연구

『차이와 욕망—부르디외의 '구별짓기'를 읽다』(『差異と欲望—ブルデュー 'ディスタンクシオン'を讀む』, 藤原書店)

『문학의 사고—생트 뵈브에서 부르디외까지』(『文學の思考—サント=ブーヴからブルデューまで』, 東京大學出版會)

『미의 사색—살아있는 시공으로의 여행』(『美の思索—生きられた時空への旅』, 新書館)

노야 시게키(野矢 茂樹)

1954년생, 총합문화연구과 교수, 상관기초과학

『논리학』(『論理學』, 東京大學出版會)

『마음과 타자』(『心と他者』, 勁草書房)

『철학의 수수께끼』(『哲學の謎』, 講談社現代新書)

『무한론의 교실』(『無限論の敎室』, 講談社現代新書)

『동일성·변화·시간』(『同一性·變化·時間』, 哲學書房)

『비트겐슈타인의 '논리철학 논고'를 읽다』(『ウィトゲンシュタイン 論理哲學論考を讀む』, 哲學書房)

하스미 시게히코(蓮實 重彦)

1936년생, 도쿄대학 명예교수, 영화비평·표상문화론

『감독 오즈 야스지로』(『監督小津安二郎』, 筑摩書房)

『영화 광인』(『映畵狂人』シリーズ, 河出書房新社)

『스포츠 비평 선언 혹은 운동의 옹호』(『スポーツ批評宣言あるいは運動の擁護』, 青土社)

『영화에 대한 불성실한 권유—국적 · 연출 · 역사』(『映畵への不實なる誘い、國籍 · 演出 · 歷史』, NTT出版)

에리스 도시코(エリス 俊子)

1956년생, 총합문화연구과 조교수, 언어정보과학

『하기와라 사쿠타로—시적 이미지의 구성』(『萩原朔太郎—詩的イメージの構成』, 沖積舍)

『시리즈 언어태 2 창발적 언어태』(『シリーズ言語態2 創發的言語態』, 共編, 東京大學出版會)

『경계를 넘나드는 상상력』(『越境する想像力』, 共著, 人文書院)

가토 미치오(加藤 道夫)

1954년생, 총합문화연구과 교수, 광역시스템과학

「바우하우스의 도면적 표현—그 건축에서 축측투상의 사용에 관해서」(「バウハウスの圖的表現—その建築における軸測投象の使用について」)

「르 콜브지에의 폴리크로미에 관해서」(「ル · コルビュジエのポリクロミーについて」『日本建築學會計畵系論文集』2000)

가네코 구니히코(金子 邦彦)

1956년생, 총합문화연구과 교수, 상관기초과학

『생명이란 무엇인가—복합계 생명론 서설』(『生命とは何か—複雜系生命論序說』, 東京大學出版會)

『카오스가 엮어내는 꿈 속에서』(『カオスの紡ぐ夢の中で』, 小學館文庫)

『복잡계의 카오스적 시나리오』(『複雜系のカオス的シナリオ』, 共著, 朝倉書店)

『복잡계의 진화적 시나리오—생명의 발전양식』(『複雜系の進化的シナリオ—生命の發展樣式』, 共著, 朝倉書店)

고모리 요이치(小森 陽一)

1953년생, 총합문화연구과 교수, 언어정보과학

『구조로서의 말하기』(『構造としての語り』, 新曜社)

『문체로서의 이야기』(『文體としての物語』, 筑摩書房)

『소세키를 다시 읽다』(『漱石を讀みなおす』, ちくま新書)

『사건으로서의 읽는 일』(『出來事としての讀むこと』, 東京大學出版會)

『역사인식과 소설―오에 겐자부로론』(『歷史認識と小說―大江健三郎論』, 講談社)

엔도 미쓰기(遠藤 貢)

1962년생, 총합문화연구과 조교수, 국제사회과학

『국제사회 5 글로벌화와 사회변동』(『國際社會5 グローバル化と社會変動』, 共著, 東京大學出版會)

『국가·폭력·정치―아시아·아프리카의 분쟁에 관련하여』(『國家·暴力·政治―アジア·アフリカの紛爭をめぐって』共著, アジア経濟研究所)

『글로벌화의 행방』(『グローバル化の行方』, 共著, 新世社)

오카모토 가즈오(岡本 和夫)

1948년생, 수리과학연구과 교수, 수학

『미분적분 독본』(『微分積分讀本』, 朝倉書店)

『미분과 적분』(『微分と積分』岡本和夫の基礎數學シリーズ, 實教出版)

『행렬과 1차 변환』(『行列と一次變換』岡本和夫の基礎數學シリーズ, 實教出版)

『수학자는 성 안에?』(『數學者は城の中？』, 共著, 日本評論社)

기타가와 사키코(北川 東子)

1952년생, 총합문화연구과 교수, 비교문학비교문화

『하이데거―존재의 수수께끼를 생각하다』(『ハイデガー―存在の謎について考える』, NHK出版)

『게오르그 짐멜―삶의 형식』(『ゲオルク·ジンメル―生の形式』, 講談社)

『딜타이와 현대―역사적 이성비판의 범위』(『ディルタイと現代―歷史的理性批判の射程』, 共著, 法政大學出版局)

이시다 히데타카(石田 英敬)

1953년생, 정보학환(총합문화연구과 겸임) 교수, 미디어연구

『미셸 푸코의 세기』(『ミシェル・フーコーの世紀』, 共著, 筑摩書房)

『시리즈 언어태 1 언어태의 물음』(『シリーズ言語態 1 言語態の問い』, 共編, 東京大
學出版會)

『시리즈 언어태 5 사회의 언어태』(『シリーズ言語態 5 社會の言語態』, 共編, 東京大
學出版會)

『기호의 지/미디어의 지―일상생활 비판을 위한 레슨』(『記號の知／メディアの
知―日常生活批判のためのレッスン』, 東京大學出版會)

구로다 레이코(黒田 玲子)

1947년생, 총합문화연구과 교수, 생명환경과학

『생명세계의 비대칭성―자연은 왜 언밸런스를 좋아할까』(『生命世界の非對称
性―自然はなぜアンバランスが好きか』, 中公新書)

『과학을 육성하다』(『科學を育む』, 中公新書)

『화학의 권장』(『化學のすすめ』, 共編著, 筑摩書房)

후카가와 유키코(深川 由起子)

1958년생, 총합문화연구과 교수, 언어정보과학

『한국―어느 산업 발전의 궤적』(『韓國―ある産業發展の軌跡』, 日本貿易振興會)

『한국・선진국 경제론―성숙과정에 관한 마이크로 분석』(『韓國・先進國經濟
論―成熟過程のミクロ分析』, 日本經濟新聞社)

『도해 한국의 구조』(『圖解 韓國のしくみ』, 中經出版)

후루타 모토오(古田 元夫)

1949년생, 총합문화연구과 교수, 지역문화연구

『역사로서의 베트남 전쟁』(『歷史としてのベトナム戰爭』, 大月書店)

『베트남의 세계사―중화 세계에서 동남아시아 세계로』(『ベトナムの世界史―中
華世界から東南アジア世界へ』, 東京大學出版會)

『호치민―민족해방과 도이모이』(『ホー・チ・ミン―民族解放とドイモイ』, 岩波書店)